Suhrkamp BasisBibliothek 90

Diese Ausgabe der »Suhrkamp BasisBibliothek – Arbeitstexte für Schule und Studium« bietet nicht nur Conrad Ferdinand Meyers Novelle *Das Amulett*, sondern auch einen Kommentar, der alle für das Verständnis des Textes erforderlichen Informationen enthält: Gedichte aus dem Stoffumfeld des *Amuletts*, eine Zeittafel, ausführliche Hinweise zu den literarhistorischen, ästhetischen und zeitgeschichtlichen Voraussetzungen der Novelle, die Text- und Rezeptionsgeschichte, einen Forschungsüberblick, Literaturhinweise sowie detaillierte Wort- und Sacherläuterungen. Die Schreibweise des Kommentars entspricht den neuen Rechtschreibregeln.

Zu ausgesuchten Texten der Suhrkamp BasisBibliothek erscheinen im Cornelsen Verlag Hörbücher und CD-ROMs. Weitere Informationen erhalten Sie unter www.cornelsen.de.

Marcel Diel war von 1999 bis 2006 Chefredakteur der *Kritischen Ausgabe – Zeitschrift für Germanistik & Literatur*. Er arbeitet als freier Lektor und Autor in Berlin.

Florian Radvan unterrichtet an einem Gymnasium in Leverkusen. In seinen Veröffentlichungen hat er sich u. a. mit schülerorientierten Kommentaren und allgemein mit der Rezeption von literarischen Texten in der Schule befasst. Zahlreiche Publikationen, u. a. zu Peter Weiss, Gert Ledig (SBB 51) und Friedrich Hebbel (SBB 74).

Conrad Ferdinand Meyer
Das Amulett

Novelle

Mit einem Kommentar von
Marcel Diel und Florian Radvan

Suhrkamp

Der vorliegende Text folgt der Ausgabe:
Conrad Ferdinand Meyer: *Sämtliche Werke. Historisch-kritische Ausgabe*, besorgt von Hans Zeller und Alfred Zäch. Elfter Band: *Novellen I: Das Amulett. Der Schuß von der Kanzel. Plautus im Nonnenkloster. Gustav Adolfs Page.* Bern: Benteli-Verlag, 2., revidierte Auflage 1998, S. 5–73.
Die Texte des Anhangs sind folgenden Ausgaben entnommen:
Conrad Ferdinand Meyer: *Sämtliche Werke. Historisch-kritische Ausgabe*, besorgt von Hans Zeller und Alfred Zäch. Erster Band: *Gedichte. Text der IX Abteilungen.* Bern: Benteli-Verlag 1963, S. 374, S. 375, S. 376, S. 382 ff., S. 392 f.
Peter de Mendelssohn: *Unterwegs mit Reiseschatten. Essays.*

Originalausgabe
Suhrkamp BasisBibliothek 90
Erste Auflage 2008

Satz: pagina GmbH, Tübingen
Druck: CPI – Ebner & Spiegel, Ulm
Umschlagabbildung: Zentralbibliothek Zürich
Umschlaggestaltung: Regina Göllner und Hermann Michels
Printed in Germany

ISBN 978-3-518-18890-3

1 2 3 4 5 6 – 13 12 11 10 09 08

Inhalt

Das ⌜Amulett⌝

⌜*Novelle*⌝

Alte vergilbte Blätter liegen vor mir mit Aufzeichnungen
aus dem Anfange des siebzehnten Jahrhunderts.
Ich übersetze sie in die Sprache unserer Zeit.

Erstes Kapitel

Heute am vierzehnten März 1611 ritt ich von meinem Sitze* am Bielersee hinüber nach Courtion zu dem alten Boccard, den Handel um eine mir gehörige mit Eichen und Buchen bestandene Halde* in der Nähe von Münchweiler* abzuschließen, der sich schon eine Weile hingezogen hatte. Der alte Herr bemühte sich in langwierigem Briefwechsel um eine Preiserniedrigung. Gegen den Wert des fraglichen Waldstreifens konnte kein ernstlicher Widerspruch erhoben werden, doch der Greis schien es für seine Pflicht zu halten mir noch etwas abzumarkten*. Da ich indessen guten Grund hatte, ihm alles Liebe zu erweisen, und überdies Geldes benötigt war, um meinem Sohn, der im Dienste der Generalstaaten steht und mit einer blonden runden Holländerin verlobt ist, die erste Einrichtung seines Hausstandes zu erleichtern, entschloß ich mich, ihm nachzugeben und den Handel rasch zu beendigen.

Wohnsitz
Abhang
Nordwestlich von Fribourg
den Preis zu drücken

Ich fand ihn auf seinem altertümlichen Sitze einsam und in vernachlässigtem Zustande. Sein graues Haar hing ihm unordentlich in die Stirn und hinunter auf den Nacken. Als er meine Bereitwilligkeit vernahm, blitzten seine erloschenen Augen auf bei der freudigen Nachricht. Rafft und sammelt er doch in seinen alten Tagen, uneingedenk daß sein Stamm mit ihm verdorren* und er seine Habe lachenden Erben lassen wird.

dass seine Familie mit ihm ausstirbt

Er führte mich in ein kleines Turmzimmer, wo er in einem wurmstichigen* Schranke seine Schriften verwahrt, hieß mich Platz nehmen und bat mich den Kontrakt* schriftlich aufzusetzen. Ich hatte meine kurze Arbeit beendigt und wandte mich zu dem Alten um, der unterdessen in den Schubladen gekramt hatte, nach seinem Siegel suchend, das er verlegt zu haben schien. Wie ich ihn alles hastig durcheinanderwerfen sah, erhob ich mich unwillkürlich,

von Holzwürmern befallenen
Vertrag

als müßt' ich ihm helfen. Er hatte eben wie in fieberischer* Eile ein geheimes Schubfach geöffnet, als ich hinter ihn trat, einen Blick hineinwarf und – tief aufseufzte.

fieberhafter

In dem Fache lagen nebeneinander zwei seltsame, beide mir nur zu wohl bekannte Gegenstände: ein durchlöcherter Filzhut, den einst eine Kugel durchbohrt hatte, und ein großes rundes ⌜Medaillon⌝ von Silber mit dem Bilde der ⌜Muttergottes von Einsiedeln⌝ in getriebener*, ziemlich roher Arbeit.

herausgeprägter

Der Alte kehrte sich um, als wollte er meinen Seufzer beantworten, und sagte in weinerlichem Tone:

»Ja wohl, Herr Schadau, mich hat die Dame* von Einsiedeln noch behüten dürfen zu Haus und im Felde; aber seit die ⌜Ketzerei⌝ in die Welt gekommen ist und auch unsre Schweiz verwüstet hat, ist die Macht der guten Dame erloschen, selbst für die ⌜Rechtgläubigen⌝! Das hat sich an Wilhelm gezeigt – meinem lieben Jungen.« Und eine Träne quoll unter seinen grauen Wimpern hervor.

Hier: Synonym für Maria, die Mutter Jesu

Mir war bei diesem Auftritte weh ums Herz und ich richtete an den Alten ein paar tröstende Worte über den Verlust seines Sohnes, der mein Altersgenosse gewesen und an meiner Seite tödlich getroffen worden war. Doch meine Rede schien ihn zu verstimmen oder er überhörte sie, denn er kam hastig wieder auf unser Geschäft zu reden, suchte von neuem nach dem Siegel, fand es endlich, bekräftigte die Urkunde* und entließ* mich dann bald ohne sonderliche Höflichkeit.

setzte sein Siegel darauf (und macht sie damit gültig)

verabschiedete

Ich ritt heim. Wie ich in der Dämmerung meines Weges trabte, stiegen mit den Düften der Frühlingserde die Bilder der Vergangenheit vor mir auf mit einer so drängenden Gewalt, in einer solchen Frische, in so scharfen und einschneidenden Zügen, daß sie mich peinigten.

Das Schicksal Wilhelm Boccards war mit dem meinigen aufs engste verflochten, zuerst auf eine freundliche, dann auf eine fast schreckliche Weise. Ich habe ihn in den Tod gezogen. Und doch, so sehr mich dies drückt, kann ich es nicht bereuen und müßte wohl heute im gleichen Falle wieder so handeln, wie ich es mit zwanzig Jahren tat. Immerhin setzte mir die Erinnerung der alten Dinge so zu, daß ich mit mir einig wurde, den ganzen Verlauf dieser ⌜wundersamen Geschichte⌝ schriftlich niederzulegen und so mein Gemüt zu erleichtern.

Zweites Kapitel

Ich bin im Jahre 1553 geboren und habe meinen Vater nicht gekannt, der wenige Jahre später auf den Wällen* von ⌜St. Quentin⌝ fiel. Ursprünglich ein thüringisches Geschlecht*, hatten meine Vorfahren von jeher in Kriegsdienst gestanden und waren manchem Kriegsherrn gefolgt. Mein Vater hatte sich besonders den ⌜Herzog Ulrich von Würtemberg⌝ verpflichtet, der ihm für treu geleistete Dienste ein Amt in seiner Grafschaft ⌜Mümpelgard⌝ anvertraute und eine Heirat mit einem ⌜Fräulein⌝ von Bern vermittelte, deren Ahn* einst sein Gastfreund* gewesen war, als Ulrich sich landesflüchtig in der Schweiz umtrieb. Es duldete meinen Vater jedoch nicht lange auf diesem ruhigen Posten, er nahm Dienst in Frankreich, das damals die ⌜Picardie⌝ gegen England und Spanien verteidigen mußte. Dies war sein letzter Feldzug.

Stadtbefestigungen, Stadtmauern

(Adels-)Familie

Vorfahr

der ihm Unterschlupf bot

Meine Mutter folgte dem Vater nach kurzer Frist ins Grab und ich wurde von einem mütterlichen ⌜Ohm⌝ aufgenommen, der seinen Sitz am Bielersee hatte und eine feine und eigentümliche Erscheinung war. Er mischte sich wenig in die öffentlichen Angelegenheiten, ja er verdankte es eigentlich nur seinem in die Jahrbücher* von Bern glänzend eingetragenen Namen, daß er überhaupt auf Bernerboden geduldet wurde. Er gab sich nämlich von Jugend auf viel mit ⌜Bibelerklärung⌝ ab, in jener Zeit religiöser Erschütterung nichts Ungewöhnliches; aber er hatte, und das war das Ungewöhnliche, aus manchen Stellen des heiligen Buches, besonders aus der ⌜Offenbarung Johannis⌝, die Überzeugung geschöpft, daß es mit der Welt zu Ende gehe und es deshalb nicht rätlich* und ein eitles Werk* sei, am Vorabend dieser durchgreifenden Krise eine neue Kirche zu gründen, weswegen er sich des ihm zuständigen* Sitzes im Münster* zu Bern beharrlich und grundsätzlich entschlug*. Wie gesagt,

Annalen, Stadtchroniken

ratsam

ein sinnloses Unterfangen

zustehenden

Große Kirche eines Klosters bzw. Stiftes

enthielt, nicht einnahm

nur seine Verborgenheit schützte ihn vor dem gestrengen Arm des geistlichen Regimentes*.

der Kirche

Unter den Augen dieses harmlosen und liebenswürdigen Mannes wuchs ich – wo nicht ohne Zucht, doch ohne Rute* – in ländlicher Freiheit auf. Mein Umgang waren die Bauerjungen des benachbarten Dorfes und dessen Pfarrer, ein strenger ⌜Calvinist⌝, durch den mich mein Ohm mit Selbstverleugnung in der ⌜Landesreligion⌝ unterrichten ließ.

zwar streng, aber ohne körperliche Gewalt erzogen

Die zwei Pfleger meiner Jugend stimmten in manchen Punkten nicht zusammen. Während der Theologe mit seinem Meister Calvin ⌜die Ewigkeit der Höllenstrafen⌝ als das unentbehrliche Fundament der Gottesfurcht ansah, getröstete sich der Laie* ⌜der einstigen Versöhnung und fröhlichen Wiederbringung aller Dinge⌝. Meine Denkkraft übte sich mit Genuß an der herben Konsequenz der calvinischen Lehre und bemächtigte sich ihrer, ohne eine Masche des festen Netzes fallen zu lassen; aber mein Herz gehörte sonder* Vorbehalt dem Oheim. Seine Zukunftsbilder beschäftigten mich wenig, nur einmal gelang es ihm, mich zu verblüffen. Ich nährte* seit langem den Wunsch, einen wilden jungen Hengst, den ich in Biel* gesehen, einen prächtigen Falben*, zu besitzen, und näherte mich mit diesem großen Anliegen auf der Zunge eines Morgens meinem in ein Buch vertieften Oheim, eine Weigerung befürchtend, nicht wegen des hohen Preises, wohl aber wegen der landeskundigen Wildheit des Tieres, das ich zu schulen wünschte. Kaum hatte ich den Mund geöffnet, als er mit seinen leuchtend blauen Augen mich scharf betrachtete und mich feierlich anredete: »Weißt du Hans, was ⌜das fahle Pferd⌝ bedeutet, auf dem der Tod sitzt?«

Nicht-geistlicher

ohne

hegte, hatte

Seit 1528 prot.

Pferd von graugelber Farbe

Ich verstummte vor Erstaunen über die Sehergabe* meines Oheims; aber ein Blick in das vor ihm aufgeschlagene Buch belehrte mich, daß er nicht von meinem Falben, sondern von einem der ⌜vier apokalyptischen Reiter⌝ sprach.

Talent, die Zukunft vorherzusagen

Der gelehrte Pfarrer unterwies mich zugleich in der Mathematik und sogar in den Anfängen der ⌜Kriegswissenschaft⌝, soweit sie sich aus den bekannten Handbüchern schöpfen läßt; denn er war in seiner Jugend als Student in Genf mit auf die Wälle und ins Feld gezogen.

Es war eine ausgemachte Sache, daß ich mit meinem siebzehnten Jahre in Kriegsdienste zu treten habe; auch das war für mich keine Frage, unter welchem Feldherrn ich meine ersten Waffenjahre verbringen würde. Der Name des großen ⌜Coligny⌝ erfüllte damals die ganze Welt. Nicht seine Siege, deren hatte er keinen erfochten, sondern seine Niederlagen, welchen er durch Feldherrnkunst und Charaktergröße den Wert von Siegen zu geben wußte, hatten ihn aus allen lebenden Feldherrn hervorgehoben, wenn man ihm nicht den spanischen ⌜Alba⌝ an die Seite setzen wollte; diesen aber haßte ich wie die Hölle. Nicht nur war mein tapferer Vater treu und trotzig zum protestantischen Glauben gestanden, nicht nur hatte mein bibelkundiger Ohm vom Papsttum einen übeln Begriff* und meinte es in der ⌜Babylonerin der Offenbarung⌝ vorgebildet zu sehn, sondern ich selbst fing an mit warmem Herzen Partei zu nehmen. Hatte ich doch schon als Knabe mich in die protestantische Heerschar eingereiht, als es im Jahre 1567 galt die Waffen zu ergreifen, um Genf gegen einen Handstreich* Albas zu sichern, der sich aus Italien längs der Schweizergrenze nach den Niederlanden durchwand. Den Jüngling litt es kaum mehr in der Einsamkeit von Chaumont, so hieß der Sitz meines Oheims*.

Im Jahre 1570 gab das ⌜Pazifikationseditkt von St. Germain en Laye⌝ den Hugenotten* in Frankreich Zutritt zu allen Ämtern und Coligny, nach Paris gerufen, beriet mit dem König, dessen Herz er, wie die Rede ging, vollständig gewonnen hatte, den Plan eines Feldzugs gegen Alba zur Befreiung der Niederlande. Ungeduldig erwartete ich die jahrelang sich verzögernde Kriegserklärung, die mich zu Colignys Scharen rufen sollte; denn seine Reiterei* bestand

dachte schlecht über die röm.-kath. Kirche

Blitzartiger Überfall

Onkels (vgl. »Ohm«)

Bezeichnung für die Protestanten in Frankreich

Zu Pferd kämpfende Truppe eines Heeres, Kavallerie

von jeher aus ⌜Deutschen⌝ und der Name meines Vaters mußte ihm aus frühern Zeiten bekannt sein.

Aber diese Kriegserklärung wollte noch immer nicht kommen und zwei ärgerliche Erlebnisse sollten mir die letzten Tage in der Heimat verbittern.

Als ich eines Abends im Mai mit meinem Ohm unter der blühenden Hoflinde das Vesperbrot* verzehrte, erschien vor uns in ziemlich kriechender Haltung und schäbiger Kleidung ⌜ein Fremder⌝, dessen unruhige Augen und gemeine* Züge auf mich einen unangenehmen Eindruck machten: Er empfahl sich der gnädigen Herrschaft als Stallmeister, was in unsern Verhältnissen nichts andres als Reitknecht bedeutete, und schon war ich im Begriff ihn kurz abzuweisen, denn mein Ohm hatte ihm bis jetzt keine Aufmerksamkeit geschenkt, als der Fremdling mir alle seine Kenntnisse und Fertigkeiten herzuzählen begann.

Früh-abendliche Zwischen-mahlzeit

gewöhnliche, ordinäre

»Ich führe die Stoßklinge*«, sagte er, »wie wenige und kenne die hohe Fechtschule aus dem Fundament.«

Degen

Bei meiner Entfernung von jedem städtischen Fechtboden empfand ich gerade diese Lücke meiner Ausbildung schmerzlich und trotz meiner instinktiven* Abneigung gegen den Ankömmling ergriff ich die Gelegenheit ohne Bedenken, zog den Fremden in meine Fechtkammer und gab ihm eine Klinge in die Hand, mit welcher er die meinige so vortrefflich meisterte, daß ich sogleich mit ihm abmachte* und ihn in unsre Dienste nahm.

unwillkür-lichen, gefühls-mäßigen

eine Verein-barung traf, einen Vertrag schloss

Dem Ohm stellte ich vor, wie günstig die Gelegenheit sei, noch im letzten Augenblick vor der Abreise den Schatz meiner ritterlichen Kenntnisse* zu bereichern.

Hier auf die Fecht- und Kampfkunst bezogen

Von nun an brachte ich mit dem Fremden – er bekannte sich zu böhmischer Abkunft – Abend um Abend oft bis zu später Stunde in der Waffenkammer zu, die ich mit zwei Mauerlampen möglichst erleuchtete. Leicht erlernte ich ⌜Stoß, Parade, Finte⌝ und bald führte ich, theoretisch vollkommen fest, die ganze Schule richtig und zur Befriedigung meines Lehrers durch; dennoch brachte ich diesen in helle Verzweiflung dadurch, daß es mir unmöglich war, eine gewisse angeborene Gelassenheit* los zu werden, welche er Langsamkeit schalt und mit seiner blitzschnell zuckenden Klinge spielend besiegte.

Hier: Schwerfälligkeit, schwer zu erregende Gemütsart

Um mir das mangelnde Feuer zu geben, verfiel er auf ein seltsames Mittel. Er nähte sich auf sein Fechtwams* ein Herz von rotem Leder, das die Stelle des pochenden anzeigte und auf welches er im Fechten mit der Linken höhnisch und herausfordernd hinwies. Dazu stieß er mannigfache Kriegsrufe aus, am häufigsten: »Alba hoch! – Tod den niederländischen Rebellen!« – oder auch: »Tod dem Ketzer Coligny! An den Galgen mit ihm!« – Obwohl mich diese Rufe im Innersten empörten und mir den Menschen noch widerlicher machten, als er mir ohnehin war, gelang es mir nicht mein Tempo zu beschleunigen, da ich schon als pflichtschuldig Lernender ein Maß von Behendigkeit aufgewendet hatte, das sich nun einmal nicht überschreiten ließ. Eines Abends, als der Böhme gerade ein fürchterliches Geschrei anhob, trat mein Oheim besorgt durch die Seitentüre ein, zu sehen was es gäbe, zog sich aber gleich entsetzt zurück, da er meinen Gegner mit dem Ausruf: »Tod den Hugenotten« mir einen derben Stoß mitten auf die Brust versetzen sah, der mich, galt es Ernst, durchbohrt hätte.

Obergewand aus dickem Stoff oder Leder

Am nächsten Morgen, als wir unter unsrer Linde frühstückten, hatte der Ohm etwas auf dem Herzen und ich denke, es war der Wunsch sich des unheimlichen Hausgenossen zu entledigen, als von dem Bieler Stadtboten ein Schreiben mit einem großen Amtssiegel überbracht wurde. Der Ohm öffnete es, runzelte im Lesen die Stirn und reichte es mir mit den Worten: »Da haben wir die Bescherung! – Lies, Hans, und dann wollen wir beraten, was zu tun sei.«

Da stand nun zu lesen, daß ein Böhme, der sich vor einiger Zeit in Stuttgart als Fechtmeister niedergelassen, sein Weib, eine geborne Schwäbin, aus Eifersucht meuchlerisch* erstochen; daß man in Erfahrung gebracht, der Täter habe sich nach der Schweiz geschlagen, ja, daß man ihn, oder jemand der ihm zum Verwechseln gleiche, im Dienste des Herrn zu Chaumont wolle gesehen haben; daß man diesen, dem in Erinnerung des seligen Schadau, seines Schwagers, der ⌜Herzog Christoph⌝ sonderlich gewogen sei, dringend ersuche, den Verdächtigen zu verhaften, selbst ein erstes Verhör vorzunehmen und bei bestätigtem Verdachte den Schuldigen an die Grenze liefern zu lassen. Unterzeichnet und besiegelt war das Schreiben von dem herzoglichen Amte in Stuttgart.

heimtückisch, hinterrücks

Während ich das Aktenstück las, blickte ich nachdenkend einmal darüber hinweg nach der Kammer des Böhmen, die sich, im Giebel des Schlosses gelegen, mit dem Auge leicht erreichen ließ, und sah ihn am Fenster beschäftigt eine Klinge zu putzen. Entschlossen den Übeltäter festzunehmen und der Gerechtigkeit zu überliefern, erhob ich doch unwillkürlich das Schreiben in der Weise, daß ihm das große, rote Siegel, wenn er gerade herunter lauerte, sichtbar wurde, – seinem Schicksal eine kleine Frist gebend ihn zu retten.

Dann erwog ich mit meinem Ohm die Festnehmung und den Transport des Schuldigen; denn daß er dieses war, daran zweifelten wir beide keinen Augenblick.

Hierauf stiegen wir, jeder ein Pistol* in der Hand, auf die Kammer des Böhmen. Sie war leer; aber durch das offene Fenster über die Bäume des Hofes weg – weit in der Ferne, wo sich der Weg um den Hügel wendet, sahn wir einen Reiter galoppieren und jetzt beim Hinuntersteigen trat uns der Bote von Biel, der das Schreiben überbracht hatte, jammernd entgegen, er suche vergeblich sein Roß, welches er am hintern Hoftor angebunden, während ihm selbst in der Küche ein Trunk gereicht wurde.

Pistole, Handfeuerwaffe

Zu dieser leidigen Geschichte, die im Lande viel Aufsehn erregte und im Mund der Leute eine abenteuerliche Gestalt gewann, kam noch ein anderer Unfall, der machte, daß meines Bleibens daheim nicht länger sein konnte.

Ich ward auf eine Hochzeit nach Biel geladen, wo ich, da das Städtchen kaum eine Stunde entfernt liegt, manche, wenn auch nur flüchtige Beziehungen hatte. Bei meiner ziemlich abgeschlossenen Lebensweise* galt ich für stolz, und mit meinen Gedanken in der nahen Zukunft, die mich, wenn auch in bescheidenster Stellung, in die großen Geschicke der protestantischen Welt verflechten sollte, konnte ich den innern Händeln* und dem Stadtklatsch der kleinen Republik Biel kein Interesse abgewinnen. So lächelte mir diese Einladung nicht besonders und nur das Drängen meines ebenso zurückgezogenen, doch dabei leutseligen* Oheims bewog mich, der Einladung Folge zu leisten.

Leben in Abgeschiedenheit von der übrigen Welt, Eigenbrötlerdasein

dem gesellschaftlichen Leben

Freundlich im Umgang mit anderen

Den Frauen gegenüber war ich schüchtern. Von kräftigem Körperbau und ungewöhnlicher Höhe des Wuchses, aber unschönen Gesichtszügen, fühlte ich wohl, wenn ich mir davon auch nicht Rechenschaft gab, daß ich die ganze Summe meines Herzens auf *eine* Nummer zu setzen habe, und die Gelegenheit dazu, so schwebte mir dunkel vor, mußte sich in der Umgebung meines Helden finden. Auch stand bei mir fest, daß ein volles Glück mit vollem Einsatz, mit dem Einsatze des Lebens wolle gewonnen sein.

Unter meinen jugendlichen Bewunderungen nahm neben dem großen Admiral sein jüngerer Bruder ⌜Dandelot⌝ die erste Stelle ein, dessen weltkundige* stolze Brautfahrt meine Einbildungskraft entzündete. Seine Flamme, ein lothringisches Fräulein, hatte er vor den Augen seiner katholischen Todfeinde, der ⌜Guisen⌝, aus ihrer Stadt ⌜Nancy⌝ weggeführt, in festlichem Zuge unter Drommetenschall* dem herzoglichen Schlosse vorüberreitend.

allgemein bekannte

Trompetenschall

Etwas Derartiges wünschte ich mir vorbestimmt.

Ich machte mich also nüchternen und verdrossenen Herzens* nach Biel auf den Weg. Man war höchst zuvorkommend gegen mich* und gab mir meinen Platz an der Tafel*

missmutig

zu mir

neben einem liebenswürdigen Mädchen. Wie es schüchternen Menschen zu gehen pflegt, geriet ich, um jedem Verstummen vorzubeugen, in das entgegengesetzte Fahrwasser, und um nicht unhöflich zu erscheinen, machte ich meiner Nachbarin lebhaft den Hof*. Uns gegenüber saß der Sohn des Schultheißen*, eines vornehmen Spezereihändlers*, der an der Spitze der aristokratischen Partei stand; denn das kleine Biel hatte gleich größeren Republiken seine Aristokraten und Demokraten. Franz Godillard, so hieß der junge Mann, der vielleicht Absichten auf meine Nachbarin haben mochte, verfolgte unser Gespräch, ohne daß ich anfänglich dessen gewahr wurde, mit steigendem Interesse und feindseligen Blicken.

Großer, festlich gedeckter Tisch

flirtete

Gemeindevorsteher, Bürgermeister

Gewürzhändlers

Da fragte mich das hübsche Mädchen, wann ich nach Frankreich zu ziehen gedächte.

»Sobald der Krieg erklärt ist gegen den Bluthund* Alba!« erwiderte ich eifrig.

Unmensch, Schlächter

»Man dürfte von einem solchen Manne in weniger respektwidrigen Ausdrücken reden!« warf mir Godillard über den Tisch zu.

»Ihr vergeßt wohl«, entgegnete ich, »die mißhandelten Niederländer! Keinen Respekt ihrem Unterdrücker, und wäre er der größte Feldherr der Welt!«

»Er hat Rebellen gezüchtigt«, war die Antwort, »und ein heilsames Beispiel auch für unsre Schweiz gegeben.«

»Rebellen!« schrie ich und stürzte ein Glas feurigen ⌜Cortaillod⌝ hinunter. »So gut oder so wenig Rebellen als ⌜die Eidgenossen auf dem Rütli⌝!«

Godillard nahm eine hochmütige Miene an, zog die Augenbrauen erst mit Wichtigkeit in die Höhe und versetzte dann grinsend: »Untersucht einmal ein gründlicher Gelehrter die Sache, wird es sich vielleicht weisen, daß die aufrührerischen Bauern der Waldstätte gegen Österreich schwer im Unrecht und offener Rebellion schuldig waren. Übrigens gehört das nicht hieher; ich behaupte nur, daß es

dass es vermessen ist, sich nicht gehört

einem jungen Menschen ohne Verdienst, ganz abgesehen von jeder politischen Meinung, übel ansteht*, einen berühmten Kriegsmann mit Worten zu beschimpfen.«

ich war wütend

Dieser Hinweis auf die unverschuldete Verzögerung meines Kriegsdienstes empörte mich aufs tiefste, die Galle lief mir über* und: »Ein Schurke!« rief ich aus, »wer den Schurken Alba in Schutz nimmt!«

wildes

Jetzt entstand ein sinnloses* Getümmel, aus welchem Godillard mit zerschlagenem Kopfe weggetragen wurde und ich mich mit blutender, vom Wurf eines Glases zerschnittener Wange zurückzog.

Am Morgen erwachte ich in großer Beschämung, voraussehend daß ich, ein Verteidiger der evangelischen Wahrheit, in den Ruf eines Trunkenboldes geraten würde.

Länglicher Reisesack für Kleidung und Proviant

verabschiedete mich

Ohne langes Besinnen packte ich meinen Mantelsack*, beurlaubte mich* bei dem Oheim, dem ich mein Mißgeschick andeutete und der nach einigem Hin- und Herreden sich damit einverstanden erklärte, daß ich den Ausbruch des Krieges in Paris erwarten möge, steckte eine Rolle Gold aus dem kleinen Erbe meines Vaters zu mir, bewaffnete mich, sattelte meinen Falben und machte mich auf den Weg nach Frankreich.

Drittes Kapitel

Ich durchzog ohne nennenswerte Abenteuer die Freigrafschaft und Burgund, erreichte den Lauf der Seine und näherte mich eines Abends den Türmen von Melun, die noch eine kleine Stunde* entfernt liegen mochten, über denen aber ein schweres Gewitter hing. Ein Dorf durchreitend, das an der Straße lag, erblickte ich auf der steinernen Hausbank der nicht unansehnlichen Herberge zu den drei Lilien einen jungen Mann, welcher wie ich ein Reisender und ein Kriegsmann zu sein schien, dessen Kleidung und Bewaffnung aber eine Eleganz zeigte, von welcher meine schlichte calvinistische Tracht* gewaltig abstach. Da es in meinem Reiseplan lag, vor Nacht Melun zu erreichen, erwiderte ich seinen Gruß nur flüchtig, ritt vorüber und glaubte noch den Ruf: »Gute Reise, Landsmann!« hinter mir zu vernehmen.

weniger als eine Stunde

Strenge, betont einfache, dunkle Kleidung

Eine Viertelstunde trabte ich beharrlich weiter, während das Gewitter mir schwarz entgegenzog, die Luft unerträglich dumpf wurde und kurze, heiße Windstöße den Staub der Straße in Wirbeln aufjagten. Mein Roß schnaubte. Plötzlich fuhr ein blendender und krachender Blitzstrahl wenige Schritte vor mir in die Erde. Der Falbe stieg*, drehte sich und jagte in wilden Sprüngen gegen das Dorf zurück, wo es mir endlich unter strömendem Regen vor dem Tore der Herberge gelang, des geängsteten Tieres Herr zu werden.

stellte sich auf die Hinterläufe

Der junge Gast erhob sich lächelnd von der durch das Vordach geschützten Steinbank, rief den Stallknecht, war mir beim Abschnallen des Mantelsacks behilflich und sagte: »Laßt es Euch nicht reuen, hier zu nächtigen, Ihr findet vortreffliche Gesellschaft.«

»Daran zweifle ich nicht!« versetzte ich grüßend.

»Ich spreche natürlich nicht von mir«, fuhr er fort, »sondern von einem alten ehrwürdigen Herrn, den die Wirtin ⌜Herr Parlamentrat⌝ nennt – also ein hoher Würdeträger –, und von seiner Tochter oder Nichte, einem ganz unvergleichlichen Fräulein. … Öffnet dem Herrn ein Zimmer!« Dies sprach er zu dem herantretenden Wirt, »und Ihr, Herr Landsmann, kleidet Euch rasch um und laßt uns nicht warten, denn der Abendtisch ist gedeckt.«

»Ihr nennt mich Landsmann?« entgegnete ich französisch, wie er mich angeredet hatte. »Woran erkennt Ihr mich als solchen?«

»An Haupt und Gliedern!« versetzte er lustig. »Vorerst seid Ihr ein Deutscher und an Eurem ganzen festen und gesetzten Wesen erkenne ich den Berner. Ich aber bin Euer treuer Verbündeter von ⌜Fryburg⌝ und nenne mich Wilhelm Boccard.«

Ich folgte dem voranschreitenden Wirte in die Kammer, die er mir anwies, wechselte die Kleider und stieg hinunter in die Gaststube, wo ich erwartet war. Boccard trat auf mich zu, ergriff mich bei der Hand und stellte mich einem ergrauten Herrn von feiner Erscheinung und einem schlanken Mädchen im Reitkleide vor mit den Worten: »Mein Kamerad und Landsmann …«, dabei sah er mich fragend an.

»Schadau von Bern«, schloß ich die Rede.

»Es ist mir höchst angenehm«, erwiderte der alte Herr verbindlich, »mit einem jungen Bürger der berühmten Stadt zusammenzutreffen, ⌜der meine Glaubensbrüder in Genf so viel zu danken haben⌝. Ich bin der Parlamentrat ⌜Chatillon⌝, dem der Religionsfriede erlaubt, nach seiner Vaterstadt Paris zurückzukehren.«

»Chatillon?« wiederholte ich in ehrfurchtsvoller Verwunderung. »Das ist der Familienname des großen Admirals.«

»Ich habe nicht die Ehre mit ihm verwandt zu sein«, versetzte der Parlamentrat, »oder wenigstens nur ganz von fern; aber ich kenne ihn und bin ihm befreundet, so weit es der Unterschied des Standes und des persönlichen Wertes gestattet. Doch setzen wir uns, meine Herrschaften. Die Suppe dampft und der Abend bietet noch Raum genug zum Gespräch.«

Ein Eichentisch mit gewundenen Füßen vereinigte uns an seinen vier Seiten. Oben war dem Fräulein, zu ihrer Rechten und Linken dem Rat und Boccard und mir am untern Ende der Tafel das Gedeck gelegt. Nachdem unter den üblichen Erkundigungen und Reisegesprächen das Mahl beendigt und zu einem bescheidenen Nachtisch das perlende Getränk der benachbarten Champagne aufgetragen war, fing die Rede an zusammenhängender zu fließen.

»Ich muß es an euch loben, ihr Herren Schweizer«, begann der Rat, »daß ihr ⌜nach kurzen Kämpfen⌝ gelernt habt, euch auf kirchlichem Gebiete friedlich zu vertragen. Das ist ein Zeichen von billigem Sinn* und gesundem Gemüt und mein unglückliches Vaterland könnte sich an euch ein Beispiel nehmen. – Werden wir denn nie lernen, daß sich die Gewissen nicht meistern lassen und daß ein Protestant sein Vaterland so glühend lieben, so mutig verteidigen und seinen Gesetzen so gehorsam sein kann als ein Katholik!«

»Ihr spendet uns zu reichliches Lob!« warf Boccard ein. »Freilich vertragen wir Katholiken und Protestanten uns im Staate leidlich; aber die Geselligkeit ist durch die Glaubensspaltung völlig verdorben. In früherer Zeit waren wir von Fryburg mit denen von Bern vielfach verschwägert. Das hat nun aufgehört und langjährige Bande sind zerschnitten. Auf der Reise«, fuhr er scherzend zu mir gewendet fort, »sind wir uns noch zuweilen behilflich; aber zu Hause grüßen wir uns kaum.

Laßt mich Euch erzählen: Als ich auf Urlaub in Fryburg war – ich diene unter den Schweizern ⌜seiner allerchristlichsten Majestät⌝ –, wurde gerade die ⌜Milchmesse⌝ auf den ⌜Plaffeyer Alpen⌝ gefeiert, wo mein Vater begütert ist und auch die Kirchberge* von Bern ein Weidrecht* besit-

Gerechtigkeitssinn

Wohlhabende Familie in Bern

Jagdrecht

zen. Das war ein trübseliges Fest. Der Kirchberg hatte seine Töchter, vier stattliche Bernerinnen, mitgebracht, die ich, als wir Kinder waren, auf der Alp alljährlich im Tanze schwenkte. Könnt Ihr glauben, daß nach beendigtem Ehrentanze die Mädchen mitten unter den läutenden Kühen ein theologisches Gespräch begannen und mich, der ich mich nie viel um diese Dinge bekümmert habe, einen Götzendiener und Christenverfolger schalten, weil ich auf den Schlachtfeldern von ⌜Jarnac und Moncontour⌝ gegen die Hugenotten meine Pflicht getan?«

»Religionsgespräche«, begütigte der Rat, »liegen jetzt eben in der Luft; aber warum sollte man sie nicht mit gegenseitiger Achtung führen und in versöhnlichem Geiste sich verständigen können? So bin ich versichert, Herr Boccard, daß Ihr mich wegen meines evangelischen Glaubens nicht ⌜zum Scheiterhaufen verdammt⌝ und daß Ihr nicht der letzte seid, die Grausamkeit zu verwerfen, mit der die Calvinisten in meinem armen Vaterlande lange Zeit behandelt worden sind.«

»Seid davon überzeugt!« erwiderte Boccard. »Nur dürft Ihr nicht vergessen, daß man das Alte und Hergebrachte in Staat und Kirche nicht grausam nennen darf, wenn es sein Dasein mit allen Mitteln verteidigt. Was übrigens die Grausamkeiten betrifft, so weiß ich keine grausamere Religion als den Calvinismus.«

»Ihr denkt an ⌜Servet⌝?« sagte der Rat mit leiser Stimme, während sich sein Antlitz trübte.

»Ich dachte nicht an menschliche Strafgerichte«, versetzte Boccard, »sondern an die göttliche Gerechtigkeit, wie sie der finstere neue Glaube verunstaltet. Wie gesagt, ich verstehe nichts von der Theologie, aber mein Ohm, der Chorherr* in Fryburg, ein glaubwürdiger und gelehrter Mann, hat mich versichert, es sei ein calvinistischer Satz, daß eh' es Gutes oder Böses getan hat, das Kind schon in der Wiege zur ewigen Seligkeit bestimmt oder der Hölle verfallen sei. Das ist zu schrecklich, um wahr zu sein!«

Mitglied einer Dom- oder Stiftskirche

»Und doch ist es wahr«, sagte ich, des Unterrichts meines Pfarrers mich erinnernd, »schrecklich oder nicht, es ist logisch!«

»Logisch?« fragte Boccard. »Was ist logisch?«

»Was sich nicht selbst widerspricht«, ließ sich der Rat vernehmen, den mein Eifer zu belustigen schien.

»Die Gottheit ist allwissend und allmächtig«, fuhr ich mit Siegesgewißheit fort, »was sie voraussieht und nicht hindert, ist ihr Wille, demnach ist allerdings unser Schicksal schon in der Wiege entschieden.«

»Ich würde Euch das gern umstoßen«, sagte Boccard, »wenn ich mich jetzt nur auf das Argument meines Oheims besinnen könnte! Denn er hatte ein treffliches Argument dagegen …«

»Ihr tätet mir einen Gefallen«, meinte der Rat, »wenn es Euch gelänge, Euch dieses trefflichen Argumentes zu erinnern.« –

Der Fryburger schenkte sich den Becher voll, leerte ihn langsam und schloß die Augen. Nach einigem Besinnen sagte er heiter: »Wenn die Herrschaften geruhn, mir nichts einzuwerfen und mich meine Gedanken ungestört entwikkeln zu lassen, so hoff' ich nicht übel zu bestehn. Angenommen also, Herr Schadau, Ihr wäret von Eurer calvinistischen Vorsehung seit der Wiege zur Hölle verdammt, – doch bewahre mich Gott vor solcher Unhöflichkeit – gesetzt denn, ich wäre im voraus verdammt; aber ich bin ja, Gott sei Dank, kein Calvinist …« Hierauf nahm er einige Krumen des vortrefflichen Weizenbrotes, formte sie mit den Fingern zu einem Männchen, das er auf seinen Teller setzte mit den Worten: »Hier steht ein von Geburt an zur Hölle verdammter Calvinist. Nun gebt acht, Schadau! – Glaubt Ihr an die zehn Gebote?«

»Wie, Herr?« fuhr ich auf.

»Nun, nun, man darf doch fragen. Ihr Protestanten habt so manches Alte abgeschafft! Also Gott befiehlt diesem Calvinisten: Tue das! Unterlasse jenes! Ist solches Gebot nun nicht eitel* böses Blendwerk, wenn der Mann zum voraus bestimmt ist, das Gute nicht tun zu können und das Böse tun zu müssen? Und einen solchen Unsinn mutet Ihr der höchsten Weisheit* zu? Nichtig ist das, wie dies Gebilde meiner Finger!« und er schnellte das Brotmännchen in die Höhe.

nichtig

Gott

»Nicht übel!« meinte der Rat.

Während Boccard seine innere Genugtuung zu verbergen suchte, musterte ich eilig meine Gegengründe; aber ich wußte in diesem Augenblicke nichts Triftiges zu antworten und sagte mit einem Anfluge unmutiger Beschämung: »Das ist ein dunkler, schwerer Satz, der sich nicht leichthin erörtern läßt. Übrigens ist seine Behauptung nicht unentbehrlich, um den Papismus* zu verwerfen, dessen augenfällige Mißbräuche Ihr selbst, Boccard, nicht leugnen könnt. Denkt an die Unsitten der Pfaffen*!«

Abschätzig für Papsttum

Abfällig für Pfarrer, Priester

»Es gibt schlimme Vögel unter ihnen«, nickte Boccard.

»Der blinde Autoritätsglaube ...«

»Ist eine Wohltat für menschliche Schwachheit«, unterbrach er mich, »muß es doch in Staat und Kirche wie in dem kleinsten Rechtshandel* eine letzte Instanz geben, bei der man sich beruhigen kann!«

Rechtsstreit

»Die wundertätigen Reliquien!«

»Heilten der Schatten St. Petri und die Schweißtüchlein St. Pauli Kranke«, versetzte Boccard mit großer Gelassenheit, »warum sollten nicht auch die Gebeine der Heiligen Wunder wirken?«

»Dieser alberne Mariendienst* ...«

Verehrung der Mutter Gottes

Kaum war das Wort ausgesprochen, so veränderte sich das helle Angesicht des Fryburgers, das Blut stieg ihm mit Gewalt zu Haupte, zornrot sprang er vom Sessel auf, legte die Hand an den Degen und rief mir zu: »Wollt Ihr mich persönlich beleidigen? Ist das Eure Absicht, so zieht!«

Auch das Fräulein hatte sich bestürzt von seinem Sitze erhoben und der Rat streckte beschwichtigend beide Hände nach dem Fryburger aus. Ich erstaunte, ohne die Fassung zu verlieren, über die ganz unerwartete Wirkung meiner Worte.

»Von einer persönlichen Beleidigung kann nicht die Rede sein«, sagte ich ruhig. »Wie konnte ich ahnen, daß Ihr, Boccard, der in jeder Äußerung den Mann von Welt und Bildung bekundet und der, wie Ihr selbst sagt, gelassen über religiöse Dinge denkt, in diesem einzigen Punkte eine solche Leidenschaft an den Tag legen würdet.«

»So wisset Ihr denn nicht, Schadau, was im ganzen Gebiete von Fryburg und weit darüber hinaus bekannt ist, daß Unsere liebe Frau* von Einsiedeln ein Wunder an mir Unwürdigem getan hat?«

Maria, die Mutter Gottes

»Nein, wahrlich nicht«, erwiderte ich. »Setzt Euch, lieber Boccard, und erzählt uns das.«

»Nun, die Sache ist weltkundig und abgemalt auf einer ⌜Votivtafel⌝ im Kloster selbst.

In meinem dritten Jahre befiel mich eine schwere Krankheit und ich blieb in Folge derselben an allen Gliedern gelähmt. Alle erdenklichen Mittel wurden vergeblich angewendet, aber kein Arzt wußte Rat. Endlich tat meine liebe gute Mutter ⌜barfuß für mich eine Wallfahrt nach Einsiedeln⌝. Und, siehe da, es geschah ein ⌜Gnadenwunder⌝! Von Stund an ging es besser mit mir, ich erstarkte und gedieh und bin heute, wie Ihr seht, ein Mann von gesunden und geraden Gliedern! Nur der guten Dame von Einsiedeln danke ich es, wenn ich heute meiner Jugend froh bin und nicht als ein unnützer, freudeloser Krüppel mein Herz in Gram verzehre. So werdet ihr es begreifen, liebe Herrn, und natürlich finden, daß ich meiner Helferin zeitlebens zu Dank verbunden und herzlich zugetan bleibe.«

Mit diesen Worten zog er eine seidene Schnur, die er um den Hals trug und an der ein Medaillon hing, aus dem Wams hervor und küßte es mit Inbrunst*.

Hingabe

Herr Chatillon, der ihn mit einem seltsamen Gemisch von Spott und Rührung betrachtete, begann nun in seiner verbindlichen Weise: »Aber glaubt Ihr wohl, Herr Boccard, daß jede Madonna diese glückliche Kur an Euch hätte verrichten können?«

»Nicht doch!« versetzte Boccard lebhaft, »die Meinigen versuchten es an manchem ⌜Gnadenorte⌝, bis sie an die rechte Pforte klopften. Die liebe Frau von Einsiedeln ist eben einzig in ihrer Art.«

»Nun«, fuhr der alte Franzose lächelnd fort, »so wird es leicht sein, Euch mit Euerm Landsmanne zu versöhnen, wenn dies bei Euerm wohlwollenden Gemüt und heitern Naturell, wovon Ihr uns allen schon Proben gegeben habt, noch notwendig sein sollte. Herr Schadau wird seinem harten Urteile über den Mariendienst in Zukunft nicht vergessen die Klausel* anzuhängen: mit ehrenvoller Ausnahme der lieben Frau von Einsiedeln.«

Hier: Schlusswendung, -satz

»Dazu bin ich gerne bereit«, sagte ich auf den Ton des alten Herrn eingehend, freilich nicht ohne eine innere Wallung gegen seinen Leichtsinn.

Da ergriff der gutmütige Boccard meine Hand und schüttelte sie treuherzig. Das Gespräch nahm eine andere Wendung und bald erhob sich der junge Fryburger, gute Nacht wünschend und sich beurlaubend, da er morgen in der ersten Frühe aufzubrechen gedenke.

Nun erst, da das erregte Hin- und Herreden ein Ende genommen hatte, richtete ich meine Blicke aufmerksamer auf das junge Mädchen, das unserm Gespräch stillschweigend mit großer Spannung gefolgt war, und erstaunte über ihre Unähnlichkeit mit ihrem Vater oder Oheim. Der alte Rat hatte ein fein geschnittenes, fast furchtsames Gesicht, welches kluge, dunkle Augen bald wehmütig, bald spöttisch, immer geistvoll beleuchteten; die junge Dame dagegen war blond und ihr unschuldiges, aber entschlossenes Antlitz* beseelten wunderbar strahlende blaue Augen.

Gesicht

»Darf ich Euch fragen, junger Mann«, begann der Parlamentrat, »was Euch nach Paris führt? Wir sind Glaubensgenossen, und wenn ich Euch einen Dienst leisten kann, so verfügt über mich.«

»Herr«, erwiderte ich, »als Ihr den Namen Chatillon ausspracht, geriet mein Herz in Bewegung. Ich bin ein Soldatenkind und will den Krieg, mein väterliches Handwerk, erlernen. Ich bin ein eifriger Protestant und möchte für die gute Sache so viel tun, als in meinen Kräften steht. Diese beiden Ziele habe ich erreicht, wenn mir vergönnt ist unter den Augen des Admirals zu dienen und zu fechten. Könnt Ihr mir dazu verhelfen, so erweist Ihr mir den größten Dienst.«

Jetzt öffnete das Mädchen den Mund und fragte: »Habt Ihr denn eine so große Verehrung für den Herrn Admiral?«

»Er ist der erste Mann der Welt!« antwortete ich feurig.

»Nun, ⌜Gasparde⌝«, fiel der Alte ein, »bei so vortrefflichen Gesinnungen dürftest du für den jungen Herrn ein Fürwort* bei deinem Paten einlegen.«

Fürsprache

»Warum nicht?« sagte Gasparde ruhig, »wenn er so brav ist, wie er das Aussehen hat. Ob aber mein Fürwort fruchten wird, das ist die Frage. Der Herr Admiral ist jetzt, ⌜am Vorabend des flandrischen Krieges⌝, vom Morgen bis in die Nacht in Anspruch genommen, belagert, ruhelos, und ich weiß nicht, ob nicht schon alle Stellen vergeben sind, über die er zu verfügen hat. Bringt Ihr nicht eine Empfehlung mit, die besser wäre als die meinige?«

»Der Name meines Vaters«, versetzte ich etwas eingeschüchtert, »ist vielleicht dem Admiral nicht unbekannt.« – Jetzt fiel mir aufs Herz, wie schwer es dem unempfohlenen Fremdling werden könnte, bei dem großen Feldherrn Zutritt zu erlangen, und ich fuhr niedergeschlagen fort: »Ihr habt recht, Fräulein, ich fühle, daß ich ihm wenig bringe: ein Herz und einen Degen, wie er über deren tausende gebietet. ⌜Lebte nur sein Bruder Dandelot noch!⌝ Der stünde mir näher, an den würde ich mich wagen! War er doch von Jugend auf in allen Dingen mein Vorbild: Kein Feldherr, aber ein tapferer Krieger; kein Staatsmann, aber ein standhafter Parteigenosse*; kein Heiliger, aber ein warmes treues Herz!«

Mitglied der hugenottischen Partei

Während ich diese Worte sprach, begann Fräulein Gasparde zu meinem Erstaunen erst leise zu erröten und ihre mir rätselhafte Verlegenheit steigerte sich, bis sie mit Rot wie übergossen war. Auch der alte Herr wurde sonderbarer Weise verstimmt und sagte spitz:

»Was werdet Ihr wissen, ob Herr Dandelot ein Heiliger war oder nicht! Doch ich bin schläfrig, heben wir die Sitzung auf. Kommt Ihr nach Paris, Herr Schadau, so beehrt mich mit Euerm Besuche. Ich wohne auf der ⌜Insel St. Louis⌝. Morgen werden wir uns wohl nicht mehr sehen. Wir halten Rasttag und bleiben in Melun. Jetzt aber schreibt mir noch Euern Namen in diese Brieftasche*. So! Gehabt Euch wohl, gute Nacht.« –

Brief- bzw. Dokumentenmappe

Viertes Kapitel

Am zweiten Abende nach diesem Zusammentreffen ritt ich durch ⌜das Tor St. Honoré⌝ in Paris ein und klopfte müde, wie ich war, an die Pforte der nächsten, kaum hundert Schritte vom Tor entfernten Herberge.

Die erste Woche verging mir in der Betrachtung der mächtigen Stadt und im vergeblichen Aufsuchen eines Waffengenossen meines Vaters, dessen Tod ich erst nach mancher Anfrage in Erfahrung brachte. Am achten Tage machte ich mich mit pochendem Herzen auf den Weg nach der Wohnung des Admirals, die mir unfern vom ⌜Louvre⌝ in einer engen Straße gewiesen wurde.

Es war ein finsteres, altertümliches Gebäude und der Pförtner empfing mich unfreundlich, ja mißtrauisch. Ich mußte meinen Namen auf ein Stück Papier schreiben, das er zu seinem Herrn trug, dann wurde ich eingelassen und trat durch ein großes Vorgemach, das mit vielen Menschen gefüllt war, Kriegern und Hofleuten, die den durch ihre Reihen Gehenden mit scharfen Blicken musterten, in das kleine Arbeitszimmer des Admirals. Er war mit Schreiben beschäftigt und winkte mir zu warten, während er einen Brief beendigte. Ich hatte Muße, sein Antlitz, welches sich mir durch einen gelungenen, ausdrucksvollen ⌜Holzschnitt⌝, der bis in die Schweiz gelangt war, unauslöschlich eingeprägt, mit Rührung zu betrachten.

Der Admiral mochte damals fünfzig Jahre zählen, aber seine Haare waren schneeweiß und eine fieberische Röte durchglühte die abgezehrten Wangen. Auf seiner mächtigen Stirn, auf den magern Händen traten die blauen Adern hervor und ein furchtbarer Ernst sprach aus seiner Miene. ⌜Er schaute wie ein Richter in Israel⌝.

Nachdem er sein Geschäft beendigt hatte, trat er zu mir in die Fensternische und heftete seine großen blauen Augen durchdringend auf die meinigen.

»Ich weiß, was Euch herführt«, sagte er, »Ihr wollt der guten Sache dienen. Bricht der Krieg aus, so gebe ich Euch eine Stelle in meiner deutschen Reiterei. Inzwischen – seid Ihr der Feder mächtig*? Ihr versteht Deutsch und Französisch?«

könnt Ihr schreiben

Ich verneigte mich bejahend.

»Inzwischen will ich Euch in meinem Kabinett* beschäftigen. Ihr könnt mir nützlich sein! So seid mir denn willkommen. Ich erwarte Euch morgen um die achte Stunde. Seid pünktlich.«

Arbeitszimmer, Beratungsraum

Nun entließ er mich mit einer Handbewegung, und wie ich mich vor ihm verbeugte, fügte er mit großer Freundlichkeit bei:

»Vergeßt nicht den Rat Chatillon zu besuchen, mit dem Ihr unterwegs bekannt geworden seid.«

Als ich wieder auf der Straße war und dem Erlebten nachsinnend den Weg nach meiner Herberge einschlug, wurde mir klar, daß ich für den Admiral kein Unbekannter mehr war, und ich konnte nicht im Zweifel sein, wem ich es zu verdanken hatte. Die Freude, an ein ersehntes Ziel, das mir schwer zu erreichen schien, so leicht gelangt zu sein, war mir von guter Vorbedeutung für meine beginnende Laufbahn und die Aussicht unter den Augen des Admirals zu arbeiten gab mir ein Gefühl von eigenem Wert, das ich bisher noch nicht gekannt hatte. Alle diese glücklichen Gedanken traten aber fast gänzlich zurück vor etwas, das mich zugleich anmutete und quälte, lockte und beunruhigte, etwas unendlich Fragwürdigem*, von dem ich mir durchaus keine Rechenschaft zu geben wußte. Jetzt nach langem vergeblichen Suchen wurde es mir plötzlich klar. Es waren die Augen des Admirals, die mir nachgingen. Und warum verfolgten sie mich? Weil es ihre Augen waren. Kein Vater, keine Mutter konnten ihrem Kinde getreuer diesen Spiegel der Seele* vererben! Ich geriet in eine unsagbare Verwirrung. Sollten, konnten ihre Augen von den sei-

Geheimnisvollem

Sprichwörtl. Sinnbild für »Augen«

nigen abstammen? War das möglich? Nein, ich hatte mich getäuscht. Meine Einbildungskraft hatte mir eine Tücke* gespielt, und um diese Gauklerin durch die Wirklichkeit zu widerlegen, beschloß ich eilig in meine Herberge zurückzukehren und dann auf der Insel St. Louis meine Bekannten von den drei Lilien aufzusuchen.

einen Streich

Als ich eine Stunde später das hohe schmale Haus des Parlamentrats betrat, das, dicht an der Brücke St. Michel* gelegen, auf der einen Seite in die Wellen der Seine, auf der andern über eine Seitengasse hinweg in die gotischen Fenster einer kleinen Kirche blickte, fand ich die Türen des untern Stockwerks verschlossen, und als ich das zweite betrat, stand ich unversehens vor Gasparde, die an einer offenen Truhe beschäftigt schien.

Brücke über die Seine zur Île de la Cité

»Wir haben Euch erwartet«, begrüßte sie mich, »und ich will Euch zu meinem Ohm führen, der sich freuen wird, Euch zu sehn.«

Der Alte saß behaglich im Lehnstuhle, einen großen Folianten* durchblätternd, den er auf die dazu eingerichtete Seitenlehne stützte. Das weite Gemach war mit Büchern gefüllt, die in schön geschnitzten Eichenschränken standen. Statuetten*, Münzen, ⌜Kupferstiche⌝ bevölkerten, jedes an der geeigneten Stelle, diese friedliche Gedankenstätte*. Der gelehrte Herr hieß mich, ohne sich zu erheben, einen Sitz an seine Seite rücken, grüßte mich als alten Bekannten und vernahm mit sichtlicher Freude den Bericht über meinen Eintritt in die Bedienung* des Admirals.

Buch im Folioformat (heute: ca. DIN A3), d.h. groß und unhandlich

Kleine Statuen

Erinnerungsstätte, (Privat-) Museum

Dienste

»Gebe Gott, daß es ihm diesmal gelinge!« sagte er. »Uns Evangelischen, die wir leider am Ende doch nur eine Minderheit unter der Bevölkerung unserer Heimat sind, ohne verruchten Bürgerkrieg Luft zu schaffen, gab es zwei Wege, n u r zwei Wege: entweder ⌜auswandern über den Ozean⌝ in das von Columbus entdeckte Land – diesen Gedanken hat der Admiral lange Jahre in seinem Gemüte bewegt, und hätten sich nicht unerwartete Hindernisse dagegen erhoben, wer weiß! – oder das Nationalgefühl entflammen und einen großen, der Menschheit heilbringenden auswärtigen Krieg führen, wo Katholik und Hugenott Seite an Seite fechtend in der Vaterlandsliebe zu Brüdern werden und ihren Religionshaß verlernen könnten. Das will der Admiral jetzt und mir, dem Manne des Friedens, brennt der Boden unter den Füßen, bis der Krieg erklärt ist! Die Niederlande vom spanischen Joche* befreiend werden unsre Katholiken widerwillig in die Strömung der Freiheit gerissen werden. Aber es eilt! Glaubt mir, Schadau, über Paris brütet eine dumpfe Luft. Die Guisen suchen einen Krieg zu vereiteln, der ⌜den jungen König⌝ selbständig und sie entbehrlich machen würde. ⌜Die Königin Mutter⌝ ist zweideutig, – durchaus keine Teufelin, wie die Heißsporne* unsrer Partei sie schildern, aber sie windet sich durch von heute auf morgen, selbstsüchtig nur auf das Interesse ihres Hauses bedacht. Gleichgültig gegen den Ruhm Frankreichs, ohne Sinn für Gutes und Böses, hält sie das Entgegengesetzte in ihren Händen und der Zufall kann die Wahl entscheiden. Feig und unberechenbar wie sie ist, wäre sie freilich des Schlimmsten fähig! – Der Schwerpunkt liegt in dem Wohlwollen des jungen Königs für Coligny, und dieser König ...«, hier seufzte Chatillon, »nun, ich will Euerm Urteil nicht vorgreifen! Da er den Admiral nicht selten besucht, so werdet Ihr mit eignen Augen sehen.«

*Joche: Hier: Fremdherrschaft

*Heißsporne: Hitzköpfe

Der Greis schaute vor sich hin, dann plötzlich den Gegenstand des Gesprächs wechselnd und den Titel des Folianten aufblätternd fragte er mich: »Wißt Ihr, was ich da lese? Seht einmal!«

Ich las in lateinischer Sprache: ⌜Die Geographie des Ptolemäus⌝, herausgegeben von Michael Servetus.

»Doch nicht der in Genf verbrannte Ketzer?« fragte ich bestürzt.

»Kein anderer. Er war ein vorzüglicher Gelehrter, ja, so

weit ich es beurteilen kann, ein genialer Kopf, dessen Ideen in der Naturwissenschaft vielleicht später mehr Glück machen werden als seine theologischen Grübeleien. – Hättet Ihr ihn auch verbrannt, wenn Ihr im Genfer Rat gesessen hättet?«

»Gewiß, Herr!« antwortete ich mit Überzeugung. »Bedenkt nur das eine: was war die gefährlichste Waffe, mit welcher die Papisten unsern Calvin bekämpften? Sie warfen ihm vor, seine Lehre sei Gottesleugnung. Nun kommt ein Spanier nach Genf, nennt sich Calvins Freund, veröffentlicht Bücher, in welchen er die ⌜Dreieinigkeit⌝ leugnet, wie wenn das nichts auf sich hätte, und mißbraucht die evangelische Freiheit. War es nun Calvin nicht den Tausenden und Tausenden schuldig, die für das reine Wort litten und bluteten, diesen falschen Bruder vor den Augen der Welt aus der evangelischen Kirche zu stoßen und dem ⌜weltlichen Richter⌝ zu überliefern, damit keine Verwechslung zwischen uns und ihm möglich sei und wir nicht unschuldigerweise fremder Gottlosigkeit geziehen werden?«

Chatillon lächelte wehmütig und sagte: »Da Ihr Euer Urteil über Servedo so trefflich begründet habt, müßt Ihr mir schon den Gefallen tun, diesen Abend bei mir zu bleiben. Ich führe Euch an ein Fenster, das auf die ⌜Laurentiuskapelle⌝ hinüberschaut, deren Nachbarschaft wir uns hier erfreuen und wo der berühmte ⌜Franziskaner⌝ ⌜Panigarola⌝ heute abend predigen wird. Da werdet Ihr vernehmen, wie man *Euch* das Urteil spricht. Der Pater ist ein gewandter ⌜Logiker⌝ und ein feuriger Redner. Ihr werdet keines seiner Worte verlieren und – Eure Freude dran haben. – Ihr wohnt noch im Wirtshause? Ich muß Euch doch für ein dauerndes Obdach sorgen, – was rätst du, Gasparde?« wandte er sich an diese, die eben eingetreten war.

Gasparde antwortete heiter: »Der Schneider Gilbert, unser Glaubensgenosse, der eine zahlreiche Familie zu ernähren hat, wäre wohl froh und hochgeehrt, wenn er dem Herrn Schadau sein bestes Zimmer abtreten dürfte. Und das hätte noch das Gute, daß der redliche, aber furchtsame Christ unsren evangelischen Gottesdienst wieder zu besuchen wagte, von diesem tapfern Kriegsmanne begleitet. – Ich gehe gleich hinüber und will ihm den Glücksfall verkündigen.« – Damit eilte die Schlanke* weg.

Zierliche, anmutige Frau

So kurz ihre Erscheinung gewesen war, hatte ich doch aufmerksam forschend in ihre Augen geschaut und ich geriet in neues Staunen. Von einer unwiderstehlichen Gewalt getrieben, mir ohne Aufschub dieses Rätsels Lösung zu verschaffen, kämpfte ich nur mit Mühe eine Frage nieder, die gegen allen Anstand verstoßen hätte, da kam mir der Alte selbst zu Hilfe, indem er spöttisch fragte: »Was findet Ihr Besonderes an dem Mädchen, daß Ihr es so starr betrachtet?«

»Etwas sehr Besonderes«, erwiderte ich entschlossen, »die wunderbare Ähnlichkeit ihrer Augen mit denen des Admirals.«

Wie wenn er eine Schlange berührt hätte, fuhr der Rat zurück und sagte gezwungen lächelnd: »Gibt es keine Naturspiele*, Herr Schadau? Wollt Ihr dem Leben verbieten ähnliche Augen hervorzubringen?«

»Laune der Natur«, Zufall

»Ihr habt mich gefragt, was ich Besonderes an dem Fräulein finde«, versetzte ich kaltblütig*, »diese Frage habe ich beantwortet. Erlaubt mir eine Gegenfrage: Da ich hoffe, Euch weiterhin besuchen zu dürfen, der ich mich von Euerm Wohlwollen und von Euerm überlegenen Geiste angezogen fühle, wie wünscht Ihr, daß ich fortan dieses schöne Fräulein begrüße? Ich weiß, daß sie von ihrem Paten Coligny den Namen Gasparde führt, aber Ihr habt mir noch nicht gesagt, ob ich die Gunst habe mit Eurer Tochter oder mit einer Eurer Verwandten zu sprechen.«

Hier: ruhig, leidenschaftslos

»Nennt sie, wie Ihr wollt!« murmelte der Alte verdrießlich und fing wieder an, in der Geographie des Ptolemäus zu blättern.

Durch dies absonderliche Benehmen ward ich in meiner Vermutung bestärkt, daß hier ein Dunkel* walte, und begann die kühnsten Schlüsse zu ziehn. In der ⌜kleinen Druckschrift⌝, die der Admiral über seine Verteidigung von St. Quentin veröffentlicht hatte und die ich auswendig wußte, schloß er ziemlich unvermittelt mit einigen geheimnisvollen Worten, worin er seinen Übertritt zum Evangelium* andeutete. Hier war von der Sündhaftigkeit der Welt die Rede, an welcher er bekannte, auch selber teilgenommen zu haben. Konnte nun Gaspardes Geburt nicht im Zusammenhange steten mit diesem vorevangelischen Leben*? So streng ich sonst in solchen Dingen dachte, hier war mein Eindruck ein anderer; es lag mir diesmal ferne einen Fehltritt zu verurteilen, der mir die unglaubliche Möglichkeit auftat, mich der Blutsverwandten des erlauchten* Helden zu nähern, – wer weiß, vielleicht um sie zu werben. Während ich meiner Einbildungskraft die Zügel schießen ließ*, glitt wahrscheinlich ein glückliches Lächeln durch meine Züge, denn der Alte, der mich insgeheim über seinen Folianten weg beobachtet hatte, wandte sich gegen mich mit unerwartetem Feuer:

Geheimnis

Die christl. Heilslehre; hier: der Protestantismus

Bevor er zum Calvinismus übertrat

herausragenden, verehrungswürdigen

freien Lauf ließ

»Ergötzt es Euch, junger Herr, an einem großen Mann eine Schwäche entdeckt zu haben, so wißt: Er ist makellos! – Ihr seid im Irrtume. Ihr betrügt Euch!«

Hier erhob er sich wie unwillig und schritt das Gemach auf und nieder, dann, plötzlich den Ton wechselnd, blieb er dicht vor mir stehen, indem er mich bei der Hand faßte: »Junger Freund«, sagte er, »in dieser schlimmen Zeit, wo wir Evangelischen auf einander angewiesen sind und uns wie Brüder betrachten sollen, wächst das Vertrauen geschwind; es darf keine Wolke* zwischen uns sein. Ihr seid ein braver Mann und Gasparde ist ein liebes Kind. Gott verhüte, daß etwas Verdecktes Eure Begegnung unlauter mache*. Ihr könnt schweigen, das trau' ich Euch zu; auch ist die Sache ruchbar* und könnte Euch aus hämischem Munde zu Ohren kommen. So hört mich an!

kein Misstrauen, kein Geheimnis

verderbe

als Gerücht im Umlauf

Gasparde ist weder meine Tochter, noch meine Nichte; aber sie ist bei mir aufgewachsen und gilt als meine Verwandte. Ihre Mutter, die kurze Zeit nach der Geburt des Kindes starb, war die Tochter eines deutschen Reiteroffiziers, den sie nach Frankreich begleitet hatte. Gaspardes Vater aber«, hier dämpfte er die Stimme, – »ist Dandelot, des Admirals jüngerer Bruder, dessen wunderbare Tapferkeit und frühes Ende Euch nicht unbekannt sein wird. Jetzt wißt Ihr genug. Begrüßt Gasparde als meine Nichte, ich liebe sie wie mein eigenes Kind. Im übrigen haltet reinen Mund* und begegnet ihr unbefangen.«

behaltet das anvertraute Geheimnis für Euch

Er schwieg und ich brach das Schweigen nicht, denn ich war ganz erfüllt von der Mitteilung des alten Herrn. Jetzt wurden wir, uns beiden nicht unwillkommen, unterbrochen und zum Abendtische gerufen, wo mir die holdselige* Gasparde den Platz an ihrer Seite anwies. Als sie mir den vollen Becher reichte und ihre Hand die meinige berührte, durchrieselte mich ein Schauer, daß in diesen jungen Adern das Blut meines Helden rinne. Auch Gasparde fühlte, daß ich sie mit andern Augen betrachte als kurz vorher, sie sann und ein Schatten der Befremdung glitt über ihre Stirne, die aber schnell wieder hell wurde, als sie mir fröhlich erzählte, wie hoch sich der Schneider Gilbert geehrt fühle mich zu beherbergen.

anmutige, liebreizende

»Es ist wichtig«, sagte sie scherzend, »daß Ihr einen christlichen Schneider an der Hand habt, der Euch die Kleider streng nach hugenottischem Schnitte* verfertigt. Wenn Euch Pate Coligny, der jetzt beim König so hoch in Gunsten steht, bei Hofe einführt und ⌜die reizenden Fräulein der Königin Mutter⌝ Euch umschwärmen, da wäret Ihr verloren, wenn nicht Eure ernste Tracht sie gebührend in Schranken hielte.«

Vgl. 21.12

Während dieses heitern Gespräches vernahmen wir über die Gasse, von Pausen unterbrochen, bald lang gezogene, bald heftig ausgestoßene Töne, die den verwehten Bruchstücken eines rednerischen Vortrags glichen, und als bei einem zufälligen Schweigen ein Satz fast unverletzt* an unser Ohr schlug, erhob sich Herr Chatillon unwillig.

klar zu verstehen

»Ich verlasse Euch!« sagte er, »der grausame Hanswurst* da drüben verjagt mich.« – Mit diesen Worten ließ er uns allein.

Narr, dummer Mensch

»Was bedeutet das?« fragte ich Gasparde.

»Ei«, sagte sie, »in der Laurentiuskirche drüben predigt Pater* Panigarola. Wir können von unserm Fenster mitten in das andächtige Volk hineinsehen und auch den wunderlichen Pater erblicken. Den Oheim empört sein Gerede, mich langweilt der Unsinn, ich höre gar nicht hin, habe ich ja Mühe in unsrer evangelischen Versammlung, wo doch die lautere* Wahrheit gepredigt wird, mit Andacht und Erbauung, wie es dem heiligen Gegenstande geziemt*, bis ans Ende aufzuhorchen.«

Ordensgeistlicher

reine

gebührt

Wir waren unterdessen ans Fenster getreten, das Gasparde ruhig öffnete.

Es war eine laue Sommernacht und auch die erleuchteten Fenster der Kapelle standen offen. Im schmalen Zwischenraume hoch über uns flimmerten Sterne. Der Pater auf der Kanzel, ein junger blasser Franziskanermönch mit südlich feurigen Augen und zuckendem Mienenspiel, gebärdete sich so seltsam heftig, daß er mir erst ein Lächeln abnötigte; bald aber nahm seine Rede, von der mir keine Silbe entging, meine ganze Aufmerksamkeit in Anspruch.

»Christen«, rief er, »was ist die Duldung, welche man von uns verlangt? Ist sie christliche Liebe? Nein, sage ich, dreimal nein! Sie ist eine fluchwürdige Gleichgültigkeit gegen das Los unsrer Brüder! Was würdet ihr von einem Menschen sagen, der einen andern am Rande des Abgrunds schlummern sähe und ihn nicht weckte und zurückzöge? Und doch handelt es sich in diesem Falle nur um Leben und Sterben des Leibes. Um wie viel weniger dürfen wir, wo ewiges Heil oder Verderben auf dem Spiele steht, ohne

Grausamkeit unsern Nächsten seinem Schicksal überlassen! Wie? es wäre möglich, mit den Ketzern zu wandeln und zu handeln, ohne den Gedanken auftauchen zu lassen, daß ihre Seelen in tödlicher Gefahr schweben*? Gerade unsre Liebe zu ihnen gebietet uns, sie zum Heil zu überreden* und, sind sie störrisch, zum Heil zu zwingen, und sind sie unverbesserlich, sie auszurotten, damit sie nicht durch ihr schlechtes Beispiel ihre Kinder, ihre Nachbarn, ihre Mitbürger in die ewigen Flammen mitreißen! Denn ein christliches Volk ist ein Leib, von dem geschrieben steht: ⸢Wenn dich dein Auge ärgert, so reiße es aus! Wenn dich deine rechte Hand ärgert, so haue sie ab und wirf sie von dir, denn, siehe, es ist dir besser, daß eines deiner Glieder verderbe, als daß dein ganzer Leib in das nie verlöschende Feuer geworfen werde!⸣ «

dass sie zur Hölle verdammt sind, da sie dem falschen Glauben anhängen

sie zum Katholizismus zu bekehren

Dies ungefähr war der Gedankengang des Paters, den er aber mit einer leidenschaftlichen Rhetorik* und mit ungezügelten Gebärden zu einem wilden Schauspiel verkörperte. War es nun das ansteckende Gift des Fanatismus* oder das grelle von oben fallende Lampenlicht, die Gesichter der Zuhörer nahmen einen so verzerrten und, wie mir schien, blutdürstigen Ausdruck an, daß mir auf einmal klar wurde, auf welchem Vulkan wir Hugenotten in Paris stünden.

Redekunst

Blinder Eifer, rücksichtsloser Einsatz für eine Sache bzw. Lehre

Gasparde wohnte der unheimlichen Szene fast gleichgültig bei und richtete ihr Auge auf einen schönen Stern, der über dem Dache der Kapelle mild leuchtend aufstieg.

Nachdem der Italiener seine Rede mit einer Handbewegung* geschlossen, die mir eher einer Fluchgebärde als einem Segen zu gleichen schien, begann das Volk in dichtem Gedränge aus der Pforte zu strömen, an deren beiden Seiten zwei große brennende Pechfackeln in eiserne Ringe gesteckt wurden. Ihr blutiger Schein beleuchtete die Heraustretenden und erhellte zeitweise auch Gaspardes Antlitz, die das Volksgewühle mit Neugierde betrachtete, während

Kreuzzeichen

ich mich in den Schatten zurückgelehnt hatte. Plötzlich sah ich sie erblassen, dann flammte ihr Blick empört auf, und als der meinige ihm folgte, sah ich einen hohen Mann in reicher Kleidung ihr mit halb herablassender, halb gieriger Gebärde einen Kuß zuwerfen. Gasparde bebte vor Zorn. Sie ergriff meine Hand, und indem sie mich an ihre Seite zog, sprach sie mit vor Erregung zitternder Stimme in die Gasse hinunter:

»Du beschimpfst mich, Memme*, weil du mich schutzlos glaubst! Du irrst dich! Hier steht einer, der dich züchtigen wird, wenn du noch einen Blick wagst!«

Muttersöhnchen, Feigling

Hohnlachend schlug der ⌜Kavalier⌝, der wenn nicht ihre Rede, doch die ausdrucksvolle Gebärde verstanden hatte, seinen Mantel um die Schulter und verschwand in der strömenden Menge.

Gaspardes Zorn löste sich in einen Tränenstrom auf und sie erzählte mir schluchzend, wie dieser Elende, der zu dem Hofstaate* des ⌜Herzogs von Anjou⌝, des königlichen Bruders, gehöre, schon seit dem Tage ihrer Ankunft sie auf der Straße verfolge, wenn sie einen Ausgang wage, und sich sogar durch das Begleit ihres Oheims nicht abhalten lasse, ihr freche Grüße zuzuwerfen.

Angehörige eines Fürstenhofes

»Ich mag dem lieben Ohm bei seiner erregbaren und etwas ängstlichen Natur nichts davon sagen. Es würde ihn beunruhigen, ohne daß er mich beschützen könnte. Ihr aber seid jung und führt einen Degen, ich zähle auf Euch! Die Unziemlichkeit* muß um jeden Preis ein Ende nehmen. – Nun lebt wohl, mein Ritter*!« fügte sie lächelnd hinzu, während ihre Tränen noch flossen, »und vergeßt nicht, meinem Ohm gute Nacht zu sagen!«

Ungehörigkeit

Hier im Sinne von Beschützer

Ein alter Diener leuchtete mir in das Gemach seines Herrn, bei dem ich mich beurlaubte.

»Ist die Predigt vorüber?« fragte der Rat. »In jüngern Tagen hätte mich das Fratzenspiel belustigt; jetzt aber, besonders seit ich in ⌜Nîmes⌝, wo ich das letzte Jahrzehnt mit

Gasparde zurückgezogen gelebt habe, im Namen Gottes Mord und Auflauf* anstiften sah, kann ich keinen Volkshaufen um einen aufgeregten Pfaffen versammelt sehen ohne die Beängstigung, daß sie nun gleich etwas Verrücktes oder Grausames unternehmen werden. Es fällt mir auf die Nerven.« –

Tumult

Als ich die Kammer meiner Herberge betrat, warf ich mich in den alten Lehnstuhl, der außer einem Feldbette ihre ganze Bequemlichkeit ausmachte. Die Erlebnisse des Tages arbeiteten in meinem Kopfe fort und an meinem Herzen zehrte es wie eine zarte, aber scharfe Flamme. Die Turmuhr eines nahen Klosters schlug Mitternacht, meine Lampe, die ihr Öl aufgebraucht hatte, erlosch, aber taghell war es in meinem Innern.

Daß ich Gaspardes Liebe gewinnen könne, schien mir nicht unmöglich, Schicksal daß ich es mußte, und Glück, mein Leben dafür einzusetzen.

Fünftes Kapitel

Am nächsten Morgen zur anberaumten Stunde stellte ich mich bei dem Admiral ein und fand ihn in einem abgegriffenen Taschenbuche blätternd.

»Dies sind«, begann er, »meine Aufzeichnungen aus dem Jahre siebenundfünfzig, in welchem ich St. Quentin verteidigte und mich dann den Spaniern ergeben mußte. Da steht unter den tapfersten meiner Leute, mit einem Kreuze bezeichnet, der Name Sadow, mir dünkt, es war ein Deutscher. Sollte dieser Name mit dem Eurigen derselbe sein?«

»Kein andrer als der Name meines Vaters! Er hatte die Ehre, unter Euch zu dienen und vor Euern Augen zu fallen*!«

als Soldat im Krieg sterben

»Nun denn«, fuhr der Admiral fort, »das bestärkt mich in dem Vertrauen, das ich in Euch setze. Ich bin von Leuten, mit denen ich lange zusammenlebte, verraten worden, Euch trau' ich auf den ersten Anblick und ich glaube, er wird mich nicht betrügen.«

Mit diesen Worten ergriff er ein Papier, das mit seiner großen Handschrift von oben bis unten bedeckt war: »Schreibt mir das ins Reine, und wenn Ihr Euch daraus über manches unterrichtet, das Euch das Gefährliche unsrer Zustände zeigt, so laßt's Euch nicht anfechten*. Alles Große und Entscheidende ist ein Wagnis. Setzt Euch und schreibt.« –

seid nicht beunruhigt, bekümmert

Was mir der Admiral übergeben hatte, war ein ⌜Memorandum⌝, das er an den ⌜Prinzen von Oranien⌝ richtete. Mit steigendem Interesse folgte ich dem Gange der Darstellung, die mit der größten Klarheit, wie sie dem Admiral eigen war, sich über die Zustände von Frankreich verbreitete. Den Krieg mit Spanien um jeden Preis und ohne jeden Aufschub herbeizuführen, dies, schrieb der Admiral, ist unsre Rettung. Alba ist verloren, wenn er von uns und von Euch zugleich angegriffen wird. Mein Herr und König will den Krieg; aber die Guisen arbeiten mit aller Anstrengung dagegen; die katholische Meinung*, von ihnen aufgestachelt, hält die französische Kriegslust im Schach und die Königin Mutter, welche den Herzog von Anjou dem Könige ⌜auf unnatürliche Weise vorzieht, will nicht, daß dieser ihren Liebling verdunkle, indem er sich im Feld auszeichnet⌝, wonach mein Herr und König Verlangen trägt und was ich ihm als treuer Untertan gönne und, so viel an mir liegt, verschaffen möchte.

Hier: die kath. Partei

Mein Plan ist folgender: Eine hugenottische Freischar* ist in diesen Tagen in Flandern eingefallen. Kann sie sich gegen Alba halten – und dies hängt zum großen Teil davon ab, daß Ihr gleichzeitig den spanischen Feldherrn von Holland her angreift, – so wird dieser Erfolg den König bewegen, alle Hindernisse zu überwinden und entschlossen vorwärts zu gehn. Ihr kennt den Zauber eines ersten Gelingens.

Aus Freiwilligen bestehender militär. Verband

Ich war mit denn Schreiben zu Ende, als ein Diener erschien und dem Admiral etwas zuflüsterte. Ehe dieser Zeit hatte, sich von seinem Sitze zu erheben, trat ein sehr junger Mann von schlanker, kränklicher Gestalt heftig erregt ins Gemach und eilte mit den Worten auf ihn zu:

»Guten Morgen, Väterchen! Was gibt es Neues? Ich verreite auf einige Tage nach ⌜Fontainebleau⌝. Habt Ihr Nachricht aus Flandern?« Jetzt wurde er meiner gewahr und auf mich hindeutend fragte er herrisch: »Wer ist der da?«

»Mein Schreiber, Sire*, der sich gleich entfernen wird, wenn Eure Majestät es wünscht.«

Anrede des franz. Königs

»Weg mit ihm!« rief der junge König, »ich will nicht belauscht sein, wenn ich Staatsgeschäfte behandle! Vergeßt Ihr, daß wir von Spähern umstellt sind? – Ihr seid zu arglos*, lieber Admiral!«

vertrauensselig

Jetzt warf er sich in einen Lehnstuhl und starrte ins Leere, dann, plötzlich aufspringend, klopfte er Coligny auf die

Schulter, und als hätte er mich, dessen Entfernung er eben gefordert, vergessen, brach er in die Worte aus:

»Bei den Eingeweiden des Teufels! wir erklären ⌜seiner katholischen Majestät⌝ nächstens den Krieg!« Nun aber schien er wieder in den früheren Gedankengang zurückzufallen, denn er flüsterte mit geängstigter Miene: »Neulich noch, erinnert Ihr Euch? als wir beide in meinem Kabinett Rat hielten, da raschelte es hinter der ⌜Tapete⌝. Ich zog den Degen, wißt Ihr? und durchstach sie zweimal, dreimal! Da hob sie sich, und wer trat darunter hervor? Mein lieber Bruder, der Herzog von Anjou, mit einem Katzenbuckel*!« Hier machte der König eine nachahmende Gebärde und brach in unheimliches Lachen aus. »Ich aber«, fuhr er fort, »maß ihn mit einem Blicke, den er nicht ertragen konnte und der ihn flugs aus der Türe trieb.«

Kriecherisch-demütige Verbeugung, schmeichlerische Gebärde

Hier nahm das bleiche Antlitz einen Ausdruck so wilden Hasses an, daß ich es erschrocken anstarrte.

Coligny, für den ein solcher Auftritt wohl nichts Ungewöhnliches hatte, dem aber die Gegenwart eines Zeugen peinlich sein mochte, entfernte mich mit einem Winke.

»Ich sehe, Eure Arbeit ist vollendet«, sagte er, »auf Wiedersehen morgen.« –

Während ich meinen Heimweg einschlug, ergriff mich ein unendlicher Jammer. Dieser unklare Mensch also war es, von dem die Entscheidung der Dinge abhing. – Wo sollte bei so knabenhafter Unreife und flackernder Leidenschaftlichkeit die Stetigkeit des Gedankens, die Festigkeit des Entschlusses herkommen? Konnte der Admiral für ihn handeln? Aber wer bürgte dafür, daß nicht andere, feindliche Einflüsse sich in der nächsten Stunde schon dieses verworrenen Gemütes bemächtigten! Ich fühlte, daß nur dann Sicherheit war, wenn Coligny in seinem König eine selbstbewußte Stütze fand; besaß er in ihm nur ein Werkzeug, so konnte ihm dieses morgen entrissen werden.

In so böse Zweifel verstrickt, verfolgte ich meinen Weg, als

unbekümmerte, freudestrahlende

ohne Beschäftigung

Privaträume des Königs

keine große Begeisterung

Idol

sich eine Hand auf meine Schulter legte. Ich wandte mich und blickte in das wolkenlose* Gesicht meines Landsmannes Boccard, der mich umhalste und mit den lebhaftesten Freudenbezeugungen begrüßte.

»Willkommen, Schadau, in Paris!« rief er, »Ihr seid, wie ich sehe, müßig*, das bin ich auch, und da der König eben verritten ist, so müßt Ihr mit mir kommen, ich will Euch das Louvre zeigen. Ich wohne dort, da meine ⌜Compagnie⌝ die Wache der innern Gemächer* hat. – Es wird Euch hoffentlich nicht belästigen«, fuhr er fort, da er in meinen Mienen kein ungemischtes Vergnügen* über seinen Vorschlag las, »mit einem königlichen Schweizer Arm in Arm zu gehn? Da ja Euer Abgott* Coligny die Verbrüderung der Parteien wünscht, so würde ihm das Herz im Leibe lachen ob der Freundschaft seines Schreibers mit einem ⌜Leibgardisten⌝.«

»Wer hat Euch gesagt ...«, unterbrach ich ihn erstaunt –

»Daß Ihr des Admirals Schreiber seid?« lachte Boccard. »Guter Freund, am Hofe wird mehr geschwatzt, als billig ist! Heute morgen beim ⌜Ballspiel⌝ war unter den hugenottischen Hofleuten die Rede von einem Deutschen, der bei dem Admiral Gunst gefunden hätte, und aus einigen Äußerungen über die fragliche Persönlichkeit erkannte ich zweifellos meinen Freund Schadau. Es ist nur gut, daß Euch jenes Mal Blitz und Donner in die drei Lilien zurückjagten, sonst wären wir uns fremd geblieben, denn Eure Landsleute im Louvre hättet Ihr wohl schwerlich aus freien Stücken aufgesucht! Mit dem ⌜Hauptmann Pfyffer⌝ muß ich Euch gleich bekannt machen!«

Dies verbat ich mir, da Pfyffer nicht nur als ausgezeichneter Soldat, sondern auch als fanatischer Katholik berühmt war, willigte aber gern ein, mit Boccard das Innere des Louvre zu besichtigen, da ich den viel gepriesenen Bau bis jetzt nur von außen betrachtet hatte.

Wir schritten nebeneinander durch die Straßen und das

freundliche Geplauder des lebenslustigen Fryburgers war mir willkommen, da es mich von meinen schweren Gedanken erlöste.

Bald betraten wir das französische Königsschloß, das damals zur Hälfte aus einem finstern mittelalterlichen Kastell*, zur andern Hälfte aus einem neuen prächtigen Palast bestand, den die Medicäerin* hatte aufführen lassen. Diese Mischung zweier Zeiten vermehrte in mir den Eindruck, der mich, seit ich Paris betreten, nie verlassen hatte, den Eindruck des Schwankenden, Ungleichartigen, der sich widersprechenden und mit einander ringenden Elemente.

Festung, Burg

Katharina von Medici (vgl. 34.14)

Nachdem wir viele Gänge und eine Reihe von Gemächern durchschritten hatten, deren Verzierung in keckem* Steinwerke und oft ausgelassener Malerei meinem protestantischen Geschmacke fremd und zuweilen ärgerlich war, Boccard aber herzlich belustigte, öffnete mir dieser ein Kabinett mit den Worten: »Dies ist das Studierzimmer des Königs.«

lebendig wirkendem

Da herrschte eine greuliche Unordnung. Der Boden war mit Notenheften und aufgeblätterten Büchern bestreut. An den Wänden hingen Waffen. Auf dem kostbaren Marmortische lag ein Waldhorn.

Ich begnügte mich von der Türe aus einen Blick in dies Chaos zu werfen, und weitergehend fragte ich Boccard, ob der König musikalisch sei.

»Er bläst herzzerreißend«, erwiderte dieser, »oft ganze Vormittage hindurch und, was schlimmer ist, ganze Nächte, wenn er nicht hier nebenan«, er wies auf eine andere Türe, »vor dem Amboß steht und schmiedet, daß die Funken stieben. Jetzt aber ruhen Waldhorn und Hammer. Er ist mit dem jungen ⌜Chateauguyon⌝ eine Wette eingegangen, welchem von ihnen es zuerst gelinge, den Fuß im Munde das Zimmer auf und nieder zu hüpfen. Das gibt ihm nun unglaublich zu tun.«

Da Boccard sah, wie ich traurig wurde, und es ihm auch sonst passend scheinen mochte, das Gespräch über das gekrönte Haupt Frankreichs abzubrechen, lud er mich ein, mit ihm das Mittagsmahl in einem nicht weit entlegenen Gasthause einzunehmen, das er mir als ganz vorzüglich schilderte.

Um abzukürzen, schlugen wir eine enge lange Gasse ein. Zwei Männer schritten uns vom andern Ende derselben entgegen. »Sieh«, sagte mir Boccard, »dort kommt ⌜Graf Guiche⌝, der berüchtigte Damenfänger und der größte Raufer vom Hofe, und neben ihm – wahrhaftig – das ist ⌜Lignerolles⌝! Wie darf sich der am hellen Tage blicken lassen, da er doch ein vollgültiges Todesurteil auf dem Halse hat!«

Ich blickte hin und erkannte in dem vornehmern der Bezeichneten den Unverschämten, der gestern abend im Scheine der Fackeln Gasparde mit frecher Gebärde beleidigt hatte. Auch er schien sich meiner näherschreitend zu erinnern, denn sein Auge blieb unverwandt auf mir haften. Wir hatten die halbe Breite der engen Gasse inne, die andere Hälfte den uns entgegen Kommenden frei lassend. Da Boccard und Lignerolles auf der Mauerseite gingen, mußten der Graf und ich hart aneinander vorüber.

Plötzlich erhielt ich einen Stoß und hörte den Grafen sagen: »Gib Raum, verdammter Hugenott!«

Außer mir wandte ich mich nach ihm um, da rief er lachend zurück: »Willst du dich auf der Gasse so breit machen wie am Fenster?«

Ich wollte ihm nachstürzen, da umschlang mich Boccard und beschwor mich: »Nur hier keine Szene! In diesen Zeiten würden wir in einem Augenblicke den Pöbel von Paris hinter uns her haben, und da sie dich an deinem steifen Kragen als Hugenotten erkennen würden, wärst du unzweifelhaft verloren! Daß du Genugtuung erhalten mußt, versteht sich von selbst. Du überlässest mir die Sache und ich will froh sein, wenn sich der vornehme Herr ⌜zu einem ehrlichen Zweikampfe⌝ versteht. Aber an dem Schweizernamen darf kein Makel haften, und wenn ich mit dem deinigen auch mein Leben einsetzen müßte! –

Jetzt sage mir um aller Heiligen willen, bist du mit Guiche bekannt? Hast du ihn gegen dich aufgebracht? Doch nein, das ist ja nicht möglich! Der Taugenichts war übler Laune und wollte sie an deiner Hugenottentracht auslassen.«

Unterdessen waren wir in das Gasthaus eingetreten, wo wir rasch und in gestörter Stimmung unser Mahl hielten.

»Ich muß meinen Kopf zusammenhalten«, sagte Boccard, »denn ich werde mit dem Grafen einen harten Stand haben*.«

es schwer mit ihm haben

Wir trennten uns und ich kehrte in meine Herberge zurück, Boccard versprechend, ihn dort zu erwarten. Nach Verlauf von zwei Stunden trat er in meine Kammer mit dem Ausrufe: »Es ist gut abgelaufen! Der Graf wird sich mit dir schlagen*, morgen bei Tagesanbruch vor dem Tore St. Michel. Er empfing mich nicht unhöflich, und als ich ihm sagte, du wärest von gutem Hause, meinte er, es sei jetzt nicht der Augenblick deinen Stammbaum zu untersuchen, was er kennen zu lernen wünsche, sei deine Klinge.«

Hier: duellieren, fechten

»Und wie steht es damit?« fuhr Boccard fort, »ich bin sicher, daß du ein methodischer Fechter bist, aber ich fürchte, du bist langsam, langsam, zumal einem so raschen Teufel gegenüber.«

Boccards Gesicht nahm einen besorgten Ausdruck an, und nachdem er nach ein paar Übungsklingen gerufen, – es befand sich zu ebener Erde neben meinem Gasthause ein Fechtsaal – gab er mir eine derselben in die Hand und sagte: »Nun zeige deine Künste!«

Nach einigen Gängen, die ich im gewohnten Tempo durchfocht, während Boccard mich vergeblich mit dem Rufe: Schneller, schneller! anfeuerte, warf er seine Klinge weg und stellte sich ans Fenster, um eine Träne vor mir zu verbergen, die ich aber schon hervordringen gesehn hatte.

Ich trat zu ihm und legte meine Hand auf seine Schulter.

»Boccard«, sagte ich, »betrübe dich nicht. Alles ist vorher bestimmt. Ist meine Todesstunde auf morgen gestellt, so bedarf es nicht der Klinge des Grafen, um meinen Lebensfaden zu zerschneiden. Ist es nicht so, wird mir seine gefährliche Waffe nichts anhaben können.«

»Mache mich nicht ungeduldig!« versetzte er, sich rasch nach mir umdrehend. »Jede Minute der Frist, die uns bleibt, ist kostbar und muß benützt werden – nicht zum Fechten, denn in der Theorie bist du unsträflich* und dein Phlegma*«, hier seufzte er, »ist unheilbar. Es gibt nur ein Mittel dich zu retten. Wende dich an Unsre liebe Frau von Einsiedeln und wirf mir nicht ein, du seist Protestant, – einmal ist keinmal! Muß es sie nicht doppelt rühren, wenn einer der Abtrünnigen sein Leben in ihre Hände befiehlt! Du hast jetzt noch Zeit, für deine Rettung viele ⌜Ave Maria⌝ zu sprechen, und glaube mir, die Gnadenmutter wird dich nicht im Stiche lassen! Überwinde dich, lieber Freund, und folge meinem Rate.«

kennst du dich sehr gut aus

Trägheit (vgl. 16.3)

»Laß mich in Ruhe, Boccard!« versetzte ich über seine wunderliche Zumutung ungehalten und doch von seiner Liebe gerührt.

Er aber drang noch eine Weile vergeblich in mich*. Dann ordneten wir das Notwendige für morgen und er nahm Abschied. In der Türe wandte er sich noch einmal zurück und sagte: »Nur einen Stoßseufzer, Schadau, vor dem Einschlafen!« –

redete auf mich ein, bedrängte mich

Sechstes Kapitel

Am nächsten Morgen wurde ich durch eine rasche Berührung aus dem Schlafe geweckt. Boccard stand vor meinem Lager. »Auf!« rief er, »es eilt, wenn wir nicht zu spät kommen sollen! Ich vergaß gestern dir zu sagen, von wem der Graf sich ⌜sekundieren⌝ läßt, – von Lignerolles. Ein Schimpf mehr, wenn du willst! Aber es hat den Vorteil, daß im Falle du –« er seufzte – »deinen Gegner ernstlich verwunden solltest, dieser ehrenwerte Sekundant gewiß reinen Mund halten wird, da er tausend gute Gründe hat, die öffentliche Aufmerksamkeit in keiner Weise auf sich zu ziehn.« –

Während ich mich ankleidete, bemerkte ich wohl, daß dem Freund eine Bitte auf dem Herzen lag, die er mit Mühe niederkämpfte.

Ich hatte mein noch in Bern verfertigtes, nach Schweizersitte auf beiden Seiten mit derben Taschen versehenes Reisewams angezogen und drückte meinen breitkrämpigen Filz* in die Stirne, als mich Boccard auf einmal in großer Gemütsbewegung heftig umhalste und, nachdem er mich geküßt, seinen Lockenkopf an meine Brust lehnte. Diese überschwengliche Teilnahme erschien mir unmännlich und ich drückte ⌜das duftende Haupt⌝ mit beiden Händen beschwichtigend weg. Mir deuchte, daß sich Boccard in diesem Augenblicke etwas an meinem Wams zu schaffen machte; aber ich gab nicht weiter darauf acht, da die Zeit drängte.

Filzhut

Wir gingen schweigend durch die morgenstillen Gassen, während es leise zu regnen anfing, durchschritten das Tor, das eben geöffnet worden war, und fanden in kleiner Entfernung vor demselben einen mit verfallenden Mauern umgebenen Garten. Diese verlassene Stätte war zu der Begegnung ausersehn.

Wir traten ein und erblickten Guiche mit Lignerolles, die unser harrend zwischen den Buchenhecken des Hauptganges auf- und niederschritten. Der Graf grüßte mich mit spöttischer Höflichkeit. Boccard und Lignerolles traten zusammen, um Kampfstelle und Waffen zu regeln.

»Der Morgen ist kühl«, sagte der Graf, »ist es Euch genehm, so fechten wir im Wams.«

»Der Herr ist nicht gepanzert?« warf Lignerolles hin, indem er eine tastende Bewegung nach meiner Brust machte.

Guiche bedeutete ihn mit einem Blicke, es zu lassen.

Zwei lange Stoßklingen wurden uns geboten. Der Kampf begann und ich merkte bald, daß ich einem an Behendigkeit mir überlegenen und dabei völlig kaltblütigen Gegner gegenüber stehe. Nachdem er meine Kraft mit einigen spielenden Stößen wie auf dem Fechtboden geprüft hatte, wich seine nachlässige Haltung. Es wurde tödlicher Ernst. ⌜Er zeigte Quart und stieß Sekunde⌝ in beschleunigtem Tempo. Meine Parade kam genau noch rechtzeitig: wiederholte er dieselben Stöße um eine Kleinigkeit rascher, so war ich verloren. Ich sah ihn befriedigt lächeln und machte mich auf mein Ende gefaßt.

Blitzschnell kam der Stoß, aber die geschmeidige Stahlklinge bog sich hoch auf, als träfe sie einen harten Gegenstand, ich parierte*, führte den Nachstoß und rannte dem Grafen, der, seiner Sache sicher, weit ausgefallen war, meinen Degen durch die Brust. Er verlor die Farbe, wurde aschfahl, ließ die Waffe sinken und brach zusammen.

wehrte den Angriff ab

Lignerolles beugte sich über den Sterbenden, während Boccard mich von hinnen zog.

Wir folgten dem Umkreise der Stadtmauer in flüchtiger Eile bis zum zweitnächsten Tore, wo Boccard mit mir in eine kleine ihm bekannte Schenke trat. Wir durchschritten den Flur und ließen uns hinter dem Hause unter einer dicht überwachsenen Laube nieder. Noch war in der feuchten

Morgenfrühe alles wie ausgestorben. Der Freund rief nach Wein, der uns nach einer Weile von einem verschlafenen Schenkmädchen gebracht wurde. Er schlürfte in behaglichen Zügen, während ich den Becher unberührt vor mir stehen ließ. Ich hatte die Arme über der Brust gekreuzt und senkte das Haupt. Der Tote lag mir auf der Seele.

Boccard forderte mich zum Trinken auf, und nachdem ich ihm zu Gefallen den Becher geleert hatte, begann er:

»Ob nun gewisse Leute ihre Meinung ändern werden über Unsre liebe Frau von Einsiedeln?«

»Laß mich zufrieden!« versetzte ich unwirsch, »was hat denn sie damit zu schaffen, daß ich einen Menschen getötet?«

»Mehr als du denkst!« erwiderte Boccard mit einem vorwurfsvollen Blicke. »Daß du hier neben mir sitzest, hast du nur ihr zu danken! Du bist ihr eine dicke Kerze schuldig!«

Ich zuckte die Achseln.

»Ungläubiger!« rief er und zog, in meine linke Brusttasche langend, triumphierend das Medaillon daraus hervor, welches er um den Hals zu tragen pflegte und das er heute morgen während seiner heftigen Umarmung mir heimlich in das Wams geschoben haben mußte.

Jetzt fiel es mir wie eine Binde von den Augen.

Die silberne Münze hatte den Stoß aufgehalten, der mein Herz durchbohren sollte. Mein erstes Gefühl war zornige Scham, als ob ich ein unehrliches Spiel getrieben und entgegen den Gesetzen des Zweikampfes meine Brust geschützt hätte. Darein mischte sich der Groll, einem Götzenbilde* mein Leben zu schulden.

Bildnis einer als Gott verehrten Person oder Sache

»Läge ich doch lieber tot«, murmelte ich, »als daß ich bösem Aberglauben meine Rettung verdanken muß!«

Aber allmälig lichteten sich meine Gedanken. Gasparde trat mir vor die Seele und mit ihr alle Fülle des Lebens. Ich war dankbar für das neu geschenkte Sonnenlicht, und als ich wieder in die freudigen Augen Boccards blickte, brachte ich es nicht über mich, mit ihm zu hadern*, so gern ich es gewollt hätte. Sein Aberglaube war verwerflich, aber seine Freundestreue hatte mir das Leben gerettet.

streiten, übelnehmen

Ich nahm von ihm mit Herzlichkeit Abschied und eilte ihm voraus durch das Tor und quer durch die Stadt nach dem Hause des Admirals, der mich zu dieser Stunde erwartete.

Hier brachte ich den Vormittag am Schreibtische zu, diesmal mit der Durchsicht von Rechnungen beauftragt, die sich auf die Ausrüstung der nach Flandern geworfenen* hugenottischen Freischar bezogen. Als der Admiral in einem freien Augenblicke zu mir trat, wagte ich die Bitte, er möchte mich nach Flandern schicken, um an dem Einfalle* teilzunehmen und ihm rasche und zuverlässige Nachricht von dem Verlaufe desselben zu senden.

entsendeten

Eroberungsfeldzug

»Nein, Schadau«, antwortete er kopfschüttelnd, »ich darf Euch nicht Gefahr laufen lassen, als Freibeuter* behandelt zu werden und am Galgen zu sterben. Etwas anderes ist es, wenn Ihr nach erklärten Feindseligkeiten an meiner Seite fallen solltet. Ich bin es Euerm Vater schuldig, Euch keiner andern Gefahr auszusetzen als einem ⌜ehrlichen Soldatentode⌝!« –

Seeräuber, hier: nichtregulärer, plündernder Soldat

Es mochte ungefähr Mittag sein, als sich das Vorzimmer in auffallender Weise füllte und ein immer erregter werdendes Gespräch hörbar wurde.

Der Admiral rief seinen Schwiegersohn, ⌜Teligny⌝, herein, der ihm berichtete, Graf Guiche sei diesen Morgen im Zweikampfe gefallen, sein Sekundant, der verrufene Lignerolles, habe die Leiche vor dem Tore St. Michel durch die gräfliche Dienerschaft abholen lassen und ihr, bevor er sich flüchtete, nichts anderes zu sagen gewußt, als daß ihr Herr durch die Hand eines ihm unbekannten Hugenotten gefallen sei.

Coligny zog die Brauen zusammen und brauste auf: »Habe ich nicht streng untersagt – habe ich nicht gedroht, gefleht, beschworen, daß keiner unsrer Leute in dieser verhängnisvollen Zeit einen Zwist beginne oder aufnehme, der zu blutigem Entscheide führen könnte! Ist der Zweikampf an sich schon eine Tat, die kein Christ ohne zwingende Gründe auf sein Gewissen laden soll, so wird er in diesen Tagen, wo ein ins Pulverfaß springender Funke uns alle verderben kann, zum Verbrechen an unsern Glaubensgenossen und am Vaterlande.«

Ich blickte von meinen Rechnungen nicht auf und war froh, als ich die Arbeit zu Ende gebracht hatte. Dann ging ich in meine Herberge und ließ mein Gepäck in das Haus des Schneiders Gilbert bringen.

Ein kränklicher Mann mit einem furchtsamen Gesichtchen geleitete mich unter vielen Höflichkeiten in das mir bestimmte Zimmer. Es war groß und luftig und überschaute, das oberste Stockwerk des Hauses bildend, den ganzen Stadtteil, ein Meer von Dächern, aus welchem Turmspitzen in den Wolkenhimmel aufragten.

»Hier seid Ihr sicher!« sagte Gilbert mit feiner Stimme und zwang mir damit ein Lächeln ab.

»Mich freut es«, erwiderte ich, »bei einem Glaubensbruder Herberge zu nehmen.«

»Glaubensbruder?« lispelte der Schneider, »sprecht nicht so laut, Herr Hauptmann. Es ist wahr, ich bin ein evangelischer Christ, und – wenn es nicht anders sein kann – will ich auch für meinen Heiland sterben; aber verbrannt werden, ⌜wie es mit Dubourg auf dem Grèveplatze geschah⌝! – ich sah damals als kleiner Knabe zu – hu, davor hab' ich einen Schauder!«

»Habt keine Angst«, beruhigte ich, »diese Zeiten sind vorüber und das ⌜Friedensedikt⌝ gewährleistet uns allen freie Religionsübung.«

»Gott gebe, daß es dabei bleibe!« seufzte der Schneider. »Aber Ihr kennt unsern Pariser Pöbel nicht. Das ist ein wildes und ein neidisches Volk und wir Hugenotten haben

Vorrecht, Sonderrecht

zurückgezogen

das Privilegium* sie zu ärgern. Weil wir eingezogen*, züchtig und rechtschaffen leben, so werfen sie uns vor, wir wollen uns als die Bessern von ihnen sondern; aber, gerechter Himmel! wie ist es möglich die zehn Gebote zu halten und sich nicht vor ihnen auszuzeichnen!«

Mein neuer Hauswirt verließ mich und bei der einbrechenden Dämmerung ging ich hinüber in die Wohnung des Parlamentrats. Ich fand ihn höchst niedergeschlagen.

»Ein böses Verhängnis waltet über unsrer Sache«, hub er an. »Wißt Ihr es schon, Schadau? Ein vornehmer Höfling, Graf Guiche, ward diesen Morgen im Zweikampfe von einem Hugenotten erstochen. Ganz Paris ist voll davon und ich denke, Pater Panigarola wird die Gelegenheit nicht versäumen, auf uns alle als auf eine Genossenschaft von Mördern hinzuweisen und seinen tugendhaften Gönner – denn Guiche war ein eifriger Kirchgänger – in einer seiner wirkungsvollen Abendpredigten als ⌜Märtyrer⌝ des katholischen Glaubens auszurufen ... Der Kopf schmerzt mich, Schadau, und ich will mich zur Ruhe begeben. Laßt Euch von Gasparde den Abendtrunk kredenzen*.«

darreichen, servieren

Gasparde stand während dieses Gesprächs neben dem Sitze des alten Herrn, auf dessen Rückenlehne sie sich nachdenkend stützte. Sie war heute sehr blaß und tiefernst blickten ihre großen blauen Augen.

Als wir allein waren, standen wir uns einige Augenblicke schweigend gegenüber. Jetzt stieg der schlimme Verdacht in mir auf, daß sie, die selbst mich zu ihrer Verteidigung aufgefordert, nun vor dem Blutbefleckten schaudernd zurücktrete. Die seltsamen Umstände, die mich gerettet hatten und die ich Gasparde nicht mitteilen konnte, ohne ihr calvinistisches Gefühl schwer zu verletzen, verwirrten mein Gewissen mehr, als ⌜die nach Mannesbegriffen leichte Blutschuld⌝ es belastete. Gasparde fühlte mir an, daß meine Seele beschwert war, und konnte den Grund davon allein in der Tötung des Grafen und den daraus unsrer Partei erwachsenden Nachteilen suchen.

Nach einer Weile sagte sie mit gepreßter Stimme: »Du also hast den Grafen umgebracht?«

»Ich«, war meine Antwort.

Wieder schwieg sie. Dann trat sie mit plötzlichem Entschlusse an mich heran, umschlang mich mit beiden Armen und küßte mich inbrünstig auf den Mund.

»Was du immer verbrochen hast«, sagte sie fest, »ich bin deine Mitschuldige. Um meinetwillen hast du die Tat begangen. Ich bin es, die dich in Sünde gestürzt hat. Du hast dein Leben für mich eingesetzt. Ich möchte es dir vergelten, doch wie kann ich es.«

Ich faßte ihre beiden Hände und rief: »Gasparde, laß mich, wie heute, so morgen und immerdar dein Beschützer sein! Teile mit mir Gefahr und Rettung, Schuld und Heil! Eins und untrennbar laß uns sein bis zum Tode!«

»Eins und untrennbar!« sagte sie.

Siebentes Kapitel

Seit dem verhängnisvollen Tage, an welchem ich Guiche getötet und Gaspardes Liebe gewonnen hatte, war ein Monat verstrichen. Täglich schrieb ich im Kabinett des Admirals, der mit meiner Arbeit zufrieden schien und mich mit steigendem Vertrauen behandelte. Ich fühlte, daß ihm die Innigkeit meines Verhältnisses zu Gasparde nicht unbekannt geblieben war, ohne daß er es jedoch mit einem Worte berührt hätte.

Während dieser Zeit hatte sich die Lage der Protestanten in Paris sichtlich verschlimmert. Der Einfall in Flandern war mißlungen und der Rückschlag machte sich am Hofe und in der öffentlichen Stimmung fühlbar. Die Hochzeit des Königs von Navarra mit Karls reizender, aber leichtfertiger Schwester erweiterte die Kluft zwischen den beiden Parteien, statt sie zu überbrücken. Kurz vorher war Jeanne d'Albret, die wegen ihres persönlichen Wertes von den Hugenotten hoch verehrte Mutter des Navarresen, plötzlich gestorben, an Gift, so hieß es.

Am Hochzeittage selber schritt der Admiral, statt der Messe beizuwohnen, auf dem Platze vor Notredame in gemessenem Gange auf und nieder und sprach, er der sonst so Vorsichtige, ein Wort aus, das in bitterster Feindseligkeit gegen ihn ausgebeutet wurde. »Notredame«, sagte er, »ist mit den Fahnen behängt, die man uns im Bürgerkriege abgenommen; sie müssen weg und ehrenvollere Trophäen* an ihre Stelle!« Damit meinte er spanische Fahnen, aber das Wort wurde falsch gedeutet.

Siegeszeichen

Coligny sandte mich mit einem Auftrage nach Orléans*, wo deutsche Reiterei lag. Als ich von dort zurückkehrte und meine Wohnung betrat, kam mir Gilbert mit entstellter Miene entgegen.

Im zentralfranz. Département Loiret

»Wißt Ihr schon, Herr Hauptmann«, jammerte er, »daß

der Admiral gestern meuchlerisch verwundet worden ist, als er aus dem Louvre nach seinem Palaste zurückkehrte? Nicht tödlich, sagt man; aber bei seinem Alter und der kummervollen Sorge, die auf ihm lastet, wer kann wissen, wie das endet! Und stirbt er, was soll aus uns werden?« – Ich begab mich schleunig nach der Wohnung des Admirals, wo ich abgewiesen wurde. Der Pförtner sagte mir, es sei hoher Besuch im Hause, der König und die Königin Mutter. Dies beruhigte mich, da ich in meiner Arglosigkeit daraus schloß, unmöglich könne Katharina an der Untat Anteil haben, wenn sie selbst das Opfer besuche. Der König aber, versicherte der Pförtner, sei wütend über den tükkischen Angriff auf das Leben seines väterlichen Freundes.

Jetzt wandte ich meine Schritte zurück nach der Wohnung des Parlamentrats, den ich in lebhaftem Gespräche mit einer merkwürdigen Persönlichkeit fand, einem Manne in mittleren Jahren, dessen bewegtes Gebärdenspiel den Südfranzosen verriet und der den ⌜St. Michaelsorden⌝ trug. Noch nie hatte ich in klugere Augen geblickt. Sie leuchteten von Geist und in den zahllosen Falten und Linien um Augen und Mund bewegte sich ein unruhiges Spiel schalkhafter und scharfsinniger Gedanken.

»Gut, daß Ihr kommt, Schadau!« rief mir der Rat entgegen, während ich unwillkürlich das unschuldige Antlitz Gaspardes, in dem nur die Lauterkeit einer einfachen und starken Seele sich spiegelte, mit der weltklugen Miene des Gastes verglich, »gut, daß Ihr kommt! ⌜Herr Montaigne⌝ will mich mit Gewalt nach seinem Schlosse in ⌜Perigord⌝ entführen.« …

»Wir wollen dort den ⌜Horaz⌝ zusammen lesen«, warf der Fremdling ein, »wie wir es vor Zeiten in den ⌜Bädern von Aix⌝ taten, wo ich das Vergnügen hatte, den Herrn Rat kennen zu lernen.«

»Meint Ihr, Montaigne«, fuhr der Rat fort, »ich dürfe die

Kinder allein lassen? Gasparde will sich nicht von ihrem Paten und dieser junge Berner sich nicht von Gasparde trennen.«

»Ei was«, spottete Herr Montaigne sich gegen mich verbeugend, »sie werden, um sich in der Tugend zu stärken, ⌜das Buch Tobiä⌝ zusammen lesen!« und den Ton wechselnd, da er mein ernstes Gesicht sah, »Kurz und gut«, schloß er, »Ihr kommt mit mir, lieber Rat!«

»Ist denn eine Verschwörung gegen uns Hugenotten im Werke?« fragte ich aufmerksam werdend.

»Eine Verschwörung?« wiederholte der ⌜Gascogner⌝. »Nicht daß ich wüßte! Wenn nicht etwa eine solche, wie sie die Wolken anzetteln, bevor ein Gewitter losbricht. Vier Fünfteile* einer Nation von dem letzten Fünfteil zu etwas gezwungen, was sie nicht wollen – das heißt zum Kriege in Flandern –, das kann die Atmosphäre schon elektrisch machen. Und, nehmt es mir nicht übel, junger Mann, ihr Hugenotten verfehlt euch gegen den ersten Satz der Lebensweisheit: daß man das Volk, unter dem man wohnt, nicht durch Mißachtung seiner Sitten beleidigen darf.«

Fünftel

»Rechnet Ihr die Religion zu den Sitten eines Volkes?« fragte ich entrüstet.

»In gewissem Sinne, ja«, meinte er, »doch diesmal dachte ich nur an die Gebräuche des täglichen Lebens: ihr Hugenotten kleidet euch düster, tragt ernsthafte Mienen, versteht keinen Scherz und seid so steif wie eure Halskragen. Kurz, ihr schließt euch ab und das bestraft sich in der größten Stadt wie auf dem kleinsten Dorfe! Da verstehn die Guisen das Leben besser! Eben kam ich vorüber, als der ⌜Herzog Heinrich⌝ vor seinem Palaste abstieg und den umstehenden Bürgern die Hände schüttelte, lustig wie ein Franzose und gemütlich wie ein Deutscher! So ist es recht! ⌜Sind wir ja alle vom Weibe geboren und ist doch die Seife nicht teuer!⌝«

Mir schien, als ob der Gascogner schwere Besorgnis unter

diesem scherzhaften Tone verberge, und ich wollte ihn weiter zur Rede stellen, als der alte Diener einen Boten des Admirals meldete, welcher mich und Gasparde unverzüglich zu sich berief.

Gasparde warf einen dichten Schleier über und wir eilten. Unterwegs erzählte sie mir, was sie in meiner Abwesenheit ausgestanden. »An deiner Seite durch einen Kugelregen zu reiten, wäre mir ein Spiel dagegen!« versicherte sie. »Der Pöbel in unsrer Straße ist so giftig geworden, daß ich das Haus nicht verlassen konnte, ohne mit Schimpfworten verfolgt zu werden. Kleidete ich mich nach meinem Stande, so schrie man mir nach: Seht die Übermütige! Legte ich schlichtes Gewand an, so hieß es: Seht die Heuchlerin! – Einen Tag oder eine Woche hielte man das schon aus; aber wenn man kein Ende davon absieht! – Unsere Lage hier in Paris erinnert mich an die jenes Italieners, den sein Feind in einen Kerker mit vier kleinen Fenstern werfen ließ. Als er am nächsten Morgen erwachte, waren deren nur noch drei, am folgenden zwei, am dritten noch eins, kurz, er begriff, daß sein höllischer Feind ihn in eine Maschine gesperrt hatte, die sich allmälig in einen erdrückenden Sarg verwandelte.«

Unter diesen Reden waren wir in die Wohnung des Admirals gelangt, der uns sogleich zu sich beschied.

Er saß aufrecht auf seinem Lager, den verwundeten linken Arm in der Schlinge, blaß und ermattet. Neben ihm stand ein Geistlicher mit eisgrauem Barte. Er ließ uns nicht zu Worten kommen.

»Meine Zeit ist gemessen«, sprach er, »hört mich an und gehorcht mir! Du, Gasparde, bist mir durch meinen teuern Bruder blutverwandt. Es ist jetzt nicht der Augenblick etwas zu verhüllen, das du weißt und diesem nicht verborgen bleiben darf. – Deiner Mutter ist durch einen Franzosen Unrecht geschehen; ich will nicht, daß auch du unsres Volkes Sünden mitbüßest. Wir bezahlen, was unsre Väter verschuldet haben. Du aber sollst, so viel solches an mir liegt, auf deutscher Erde ein frommes und ruhiges Leben führen.«

Dann sich zu mir wendend, fuhr er fort: »Schadau, Ihr werdet Eure Kriegsschule nicht unter mir durchmachen. Hier sieht es dunkel aus. Mein Leben geht zur Neige und mein Tod ist der Bürgerkrieg. Mischt Euch nicht darein, ich verbiete es Euch. – Reicht Gasparde die Hand, ich gebe sie Euch zum Weibe. Führt sie ohne Säumnis in Eure Heimat. Verlaßt dieses ungesegnete Frankreich, sobald Ihr meinen Tod erfahrt. Bereitet ihr eine Stätte auf Schweizerboden; dann nehmt Dienste unter dem Prinzen von Oranien und kämpft für die gute Sache!«

Jetzt winkte er dem Greise und forderte ihn auf, uns zu trauen.

»Macht es kurz«, flüsterte er, »ich bin müde und bedarf Ruhe.«

Wir ließen uns an seinem Lager auf die Kniee nieder und der Geistliche verrichtete sein Amt, unsre Hände zusammenfügend und die ⌜liturgischen Worte⌝ aus dem Gedächtnisse sprechend.

Dann segnete uns der Admiral mit seiner ebenfalls verstümmelten Rechten.

»Lebt wohl!« schloß er, legte sich nieder und kehrte sein Antlitz gegen die Wand.

Da wir zögerten, das Gemach zu verlassen, hörten wir noch die gleichmäßigen Atemzüge des ruhig Entschlummerten.

Schweigend und in wunderbarer Stimmung kamen wir zurück und fanden Chatillon noch in lebhaftem Gespräche mit Herrn Montaigne.

»Gewonnen Spiel!« jubelte dieser, »der Papa willigt ein und ich selbst will ihm seinen Koffer packen, denn darauf verstehe ich mich vortrefflich.«

»Geht, lieber Oheim!« mahnte Gasparde, »und macht

Euch keine Sorge um mich. Das ist von nun an die Sache meines Gemahls.« Und sie drückte meine Hand an ihre Brust. Auch ich drang in den Rat, mit Montaigne zu verreisen.

Da mit einem Male, wie wir alle ihm zuredeten und ihn überzeugt glaubten, fragte er: »Hat der Admiral Paris verlassen?« Und als er hörte, Coligny bleibe und werde trotz des Drängens der Seinigen bleiben, auch wenn sein Zustand die Abreise erlauben sollte, da rief Chatillon mit glänzenden Augen und mit einer festen Stimme, die ich nicht an ihm kannte:

»So bleibe auch ich! Ich bin im Leben oftmals feig und selbstsüchtig gewesen; ich stand nicht zu meinen Glaubensgenossen, wie ich sollte; in dieser letzten Stunde aber will ich sie nicht verlassen.«

Montaigne biß sich die Lippe. Unser aller Zureden fruchtete nun nichts mehr, der Alte blieb bei seinem Entschlusse.

Jetzt klopfte ihm der Gascogner auf die Schulter und sagte mit einem Anfluge von Hohn:

»Alter Junge, du betrügst dich selbst, wenn du glaubst, daß du aus Heldenmut so handelst. Du tust es aus Bequemlichkeit. Du bist zu träge geworden, dein behagliches Nest zu verlassen selbst auf die Gefahr hin, daß der Sturm es morgen wegfegt. Das ist auch ein Standpunkt und in deiner Weise hast du recht.«

Jetzt verwandelte sich der spöttische Ausdruck auf seinem Gesichte in einen tief schmerzlichen, er umarmte Chatillon, küßte ihn und schied eilig.

Der Rat, welcher seltsam bewegt war, wünschte allein zu sein.

»Verlaßt mich, Schadau!« sagte er, mir die Hand drückend, »und kommt heute abend noch einmal vor Schlafengehen.« – Gasparde, die mich begleitete, ergriff unter der Türe plötzlich das Reisepistol, das noch in meinem Gürtel stak*. steckte

»Laß das!« warnte ich. »Es ist scharf geladen.«

»Nein«, lachte sie, den Kopf zurückwerfend, »ich behalte es als Unterpfand*, daß du uns diesen Abend nicht versäumst!« und sie entfloh damit ins Haus.

Pfand

Achtes Kapitel

Auf meinem Zimmer lag ein Brief meines Oheims im gewohnten Format, mit den wohlbekannten altmodischen Zügen überschrieben. Der rote Abdruck des Siegels mit seiner Devise*: ⌜Pèlerin et Voyageur!⌝ war diesmal unmäßig groß geraten.

Wahlspruch, Motto

Noch hielt ich das Schreiben uneröffnet in der Hand, als Boccard ohne anzuklopfen hereinstürzte.

»Hast du dein Versprechen vergessen, Schadau?« rief er mir zu.

»Welches Versprechen?« fragte ich mißmutig.

»Schön!« versetzte er mit einem kurzen Lachen, das gezwungen klang. »Wenn das so fortgeht, so wirst du nächstens deinen eignen Namen vergessen! Am Vorabende deiner Abreise nach Orléans, in der Schenke zum Mohren, hast du mir feierlich gelobt, dein längst gegebenes Versprechen zu lösen und unsern Landsmann, den Hauptmann Pfyffer, einmal zu begrüßen. Ich lud dich dann in seinem Auftrage zu seinem ⌜Namensfeste⌝ in das Louvre ein.

Heute nun ist Bartholomäustag. Der Hauptmann hat zwar viele Namen, wohl acht bis zehn; da aber unter diesen allen der geschundene* ⌜Barthel⌝ in seinen Augen der größte Heilige und Märtyrer ist, so feiert er als guter Christ diesen Tag in besondrer Weise. Bliebest du weg, er legte dir's als hugenottischen Starrsinn aus.«

gefolterte, gequälte

Ich besann mich freilich, von Boccard häufig mit solchen Einladungen bestürmt worden zu sein und ihn von Woche zu Woche vertröstet zu haben. Daß ich ihm auf heute zugesagt, war mir nicht erinnerlich, aber es konnte sein.

»Boccard«, sagte ich, »heute ist mir's ungelegen. Entschuldige mich bei Pfyffer und laß mich zu Hause.«

Nun aber begann er auf die wunderlichste Weise in mich zu

dringen, jetzt scherzend und kindischen Unsinn vorbringend, jetzt flehentlich mich beschwörend. Zuletzt fuhr er auf:

»Wie? Hältst du so dein Ehrenwort?« – Und unsicher wie ich war, ob ich nicht doch vielleicht mein Wort gegeben, konnte ich diesen Vorwurf nicht auf mir sitzen lassen und willigte endlich, wenn auch bitter ungern, ein, ihn zu begleiten. Ich marktete*, bis er versprach in einer Stunde mich freizugeben, und wir gingen nach dem Louvre.

verhandelte

Paris war ruhig. Wir trafen nur einzelne Gruppen von Bürgern, die sich über den Zustand des Admirals flüsternd besprachen.

Pfyffer hatte ein Gemach zu ebener Erde im großen Hofe des Louvre inne. Ich war erstaunt, seine Fenster nur spärlich erleuchtet zu sehn und Totenstille zu finden statt eines fröhlichen Festlärms. Wie wir eintraten, stand der Hauptmann allein in der Mitte des Zimmers, vom Kopfe bis zu den Füßen bewaffnet und in eine Depesche* vertieft, die er aufmerksam zu lesen, ja zu buchstabieren schien, denn er folgte den Zeilen mit dem Zeigefinger der linken Hand. Er wurde meiner ansichtig und, auf mich zutretend, fuhr er mich barsch an:

Eilnachricht

»Euren Degen, junger Herr! Ihr seid mein Gefangener.« – Gleichzeitig näherten sich zwei Schweizer, die im Schatten gestanden hatten. Ich trat einen Schritt zurück.

»Wer gibt Euch ein Recht an mich, Herr Hauptmann?« rief ich aus. »Ich bin der Schreiber des Admirals.«

Ohne mich einer Antwort zu würdigen, griff er mit eigner Hand nach meinem Degen und bemächtigte sich desselben. Die Überraschung hatte mich so außer Fassung gebracht, daß ich an keinen Widerstand dachte.

»Tut eure Pflicht!« befahl Pfyffer. Die beiden Schweizer nahmen mich in die Mitte und ich folgte ihnen wehrlos, einen Blick grimmigen Vorwurfs auf Boccard werfend. Ich konnte mir nichts anders denken, als daß Pfyffer einen königlichen Befehl erhalten habe, mich wegen meines Zweikampfes mit Guiche in Haft zu nehmen.

Zu meinem Erstaunen wurde ich nur wenige Schritte weit nach der mir wohlbekannten Kammer Boccards geführt. Der eine Schweizer zog einen Schlüssel hervor und versuchte zu öffnen, aber vergeblich. Es schien ihm in der Eile ein unrechter übergeben worden zu sein und er sandte seinen Kameraden zurück, um von Boccard, der bei Pfyffer geblieben war, den rechten zu fordern.

In dieser kurzen Frist vernahm ich lauschend die rauhe, scheltende Stimme des Hauptmanns: »Euer freches Stücklein* kann mich meine Stelle kosten! In dieser Teufelsnacht wird uns hoffentlich keiner zur Rede stellen, doch wie bringen wir morgen den Ketzer aus dem Louvre fort? Die Heiligen mögen mir's verzeihn, daß ich einem Hugenotten das Leben rette, – aber einen Landsmann und Bürger von Bern dürfen wir von diesen verfluchten Franzosen auch nicht abschlachten lassen, – da habt Ihr wiederum recht, Boccard ...«

Tollkühne Handlung

Jetzt ging die Türe auf, ich stand in dem dunkeln Gelaß*, der Schlüssel wurde hinter mir gedreht und ein schwerer Riegel vorgeschoben.

Kleines Zimmer

Ich durchmaß das mir von manchem Besuche her wohlbekannte Gemach, in quälenden Gedanken auf- und niederschreitend, während sich das mit Eisenstäben vergitterte, hochgelegene Fenster allmälig erhellte, denn der Mond ging auf. Der einzige wahrscheinliche Grund meiner Verhaftung, ich mochte die Sache wenden wie ich wollte, war und blieb der Zweikampf. Unerklärlich waren mir freilich Pfyffers unmutige letzte Worte; aber ich konnte dieselben mißhört* haben oder der tapfere Hauptmann war etwas bezecht*. Noch unbegreiflicher, ja haarsträubend erschien mir das Benehmen Boccards, dem ich nie und nimmer einen so schmählichen Verrat zugetraut hätte.

falsch verstanden

betrunken

Je länger ich die Sache übersann, in desto beunruhigendere

Zweifel und unlösbarere Widersprüche verstrickte ich mich.

Sollte wirklich ein blutiger Plan gegen die Hugenotten bestehn? War das denkbar? Konnte der König, wenn er nicht von Sinnen war, in die Vernichtung einer Partei willigen, deren Untergang ihn zum willenlosen Sklaven seiner ehrgeizigen Vettern* von Lothringen machen mußte?

Cousins; hier: die Guisen (vgl. Erl. zu 18.29)

Oder war ein neuer Anschlag auf die Person des Admirals geschmiedet und wollte man einen seiner treuen Diener von ihm entfernen? Aber ich erschien mir zu unbedeutend, als daß man zuerst an mich gedacht hätte. Der König hatte heftig gezürnt über die Verwundung des Admirals. Konnte ein Mensch, ohne dem Wahnsinne verfallen zu sein, von warmer Neigung zu stumpfer Gleichgültigkeit oder wildem Hasse in der Frist weniger Stunden übergehn?

Während ich so meinen Kopf zerarbeitete*, schrie mein Herz, daß mein Weib mich zu dieser Stunde erwarte, die Minuten zähle, und ich hier gefangen sei, ohne ihr Nachricht geben zu können.

zermarterte

Noch immer schritt ich auf und nieder, als die Turmuhr des Louvre schlug; ich zählte zwölf Schläge. Es war Mitternacht. Da kam mir der Gedanke, einen Stuhl an das hohe Fenster zu rücken, in die Nische zu steigen, es zu öffnen und, an die Eisenstäbe mich anklammernd, in die Nacht auszuschauen. Das Fenster blickte auf die Seine. Alles war still. Schon wollte ich wieder ins Gemach herunterspringen, als ich meinen Blick noch über mich richtete und vor Entsetzen erstarrte.

Rechts von mir, auf einem Balkon des ersten Stockwerks, so nahe, daß ich sie fast mit der Hand erreichen konnte, erblickte ich, vom Mondlicht taghell erleuchtet, drei über das Geländer vorgebeugte, lautlos lauschende Gestalten. Mir zunächst der König mit einem Antlitz, dessen nicht unedle Züge die Angst, die Wut, der Wahnsinn zu einem Höllenausdruck verzerrten. Kein Fiebertraum kann schrecklicher sein als diese Wirklichkeit. Jetzt da ich das längst Vergangene niederschreibe, sehe ich den Unseligen wieder mit den Augen des Geistes – und ich schaudere. Neben ihm lehnte sein Bruder, der Herzog von Anjou, mit dem schlaffen, weibisch grausamen Gesichtchen und schlotterte vor Furcht. Hinter ihnen, bleich und regungslos, die Gefaßteste von allen, stand Katharina die Medicäerin mit halbgeschlossenen Augen und fast gleichgültiger Miene.

Jetzt machte der König, wie von Gewissensangst gepeinigt, eine krampfhafte Gebärde, als wollte er einen gegebenen Befehl zurücknehmen, und in demselben Augenblicke knallte ein Büchsenschuß*, mir schien im Hofe des Louvre.

»Endlich!« flüsterte die Königin erleichtert und die drei Nachtgestalten verschwanden von der Zinne*.

Schuss aus einem Gewehr

Mauerkrone

Eine nahe Glocke begann Sturm zu läuten, eine zweite, eine dritte heulte mit; greller Fackelschein glomm auf wie eine Feuersbrunst, Schüsse knatterten und meine gespannte Einbildungskraft glaubte Sterbeseufzer zu vernehmen.

Der Admiral lag ermordet, daran konnte ich nicht mehr zweifeln. Aber was bedeuteten die Sturmglocken, die erst vereinzelt, dann immer häufiger fallenden Schüsse, die Mordrufe, die jetzt von fern an mein lauschendes Ohr drangen? Geschah das Unerhörte? Wurden alle Hugenotten in Paris gemeuchelt?

Und Gasparde, meine mir vom Admiral anvertraute Gasparde, war mit dem wehrlosen Alten diesen Schrecken preisgegeben! Das Haar stand mir zu Berge, das Blut gerann mir in den Adern. Ich rüttelte an der Türe aus allen Kräften, die eisernen Schlösser und das schwere Eichenholz wichen nicht. Ich suchte tastend nach einer Waffe, nach einen Werkzeuge, um sie zu sprengen, und fand keines. Ich schlug mit den Fäusten, stieß mit den Füßen gegen die Türe und schrie nach Befreiung, – draußen im Gange blieb es totenstill.

Wieder schwang ich mich auf in die Fensternische und rüttelte wie ein Verzweifelter an dem Eisengitter, es war nicht zu erschüttern.

Ein Fieberfrost ergriff mich und meine Zähne schlugen aufeinander. Dem Wahnsinne nahe warf ich mich auf Boccards Lager und wälzte mich in tödlicher Bangigkeit*. Endlich als der Morgen zu grauen begann, verfiel ich in einen ⌜Zustand zwischen Wachen und Schlummern⌝, der sich nicht beschreiben läßt. Ich meinte mich noch an die Eisenstäbe zu klammern und hinaus zu blicken auf die rastlos flutende Seine. Da plötzlich erhob sich aus ihren Wellen ein halbnacktes, vom Mondlichte beglänztes Weib, eine Flußgöttin auf ihre sprudelnde Urne* gestützt, wie sie in Fontainebleau an den Wasserkünsten* sitzen, und begann zu sprechen. Aber ihre Worte richteten sich nicht an mich, sondern an eine ⌜Steinfrau⌝, die dicht neben mir die Zinne trug, auf welcher die drei fürstlichen Verschwörer gestanden.

Furcht

Krug, aus dem Wasser (der Fluss) entspringt

Brunnenanlage

»Schwester«, fragte sie aus dem Flusse, »weißt vielleicht du, warum sie sich morden? Sie werfen mir Leichnam auf Leichnam in mein strömendes Bett und ich bin schmierig von Blut. Pfui, pfui! Machen vielleicht die Bettler, die ich abends ihre Lumpen in meinem Wasser waschen sehe, den Reichen den Garaus?«

»Nein«, raunte das steinerne Weib, »sie morden sich, weil sie nicht einig sind über den richtigen Weg zur Seligkeit.« – Und ihr kaltes Antlitz verzog sich zum Hohn, als belache sie eine ungeheure Dummheit ...

In diesem Augenblicke knarrte die Türe, ich fuhr auf aus meinem Halbschlummer und erblickte Boccard, blaß und ernst wie ich ihn noch nie gesellen hatte, und hinter ihm zwei seiner Leute, von welchen einer einen Laib Brot und eine Kanne Wein trug.

»Um Gotteswillen, Boccard«, rief ich und stürzte ihm entgegen, »was ist heute nacht vorgegangen? ... Sprich!«

Er ergriff meine Hand und wollte sich zu mir auf das Lager setzen. Ich sträubte mich und beschwor ihn zu reden.

»Beruhige dich!« sagte er. »Es war eine schlimme Nacht. Wir Schweizer können nichts dafür, der König hat es befohlen.«

»Der Admiral ist tot?« fragte ich, ihn starr ansehend. Er bejahte mit einer Bewegung des Hauptes.

»Und die andern hugenottischen Führer?«

»Tot. Wenn nicht der eine oder andere, wie der Navarrese*, durch besondere Gunst des Königs verschont blieb.«

Heinrich von Navarra (vgl. Erl. zu 58.14)

»Ist das Blutbad beendigt?«

»Nein, noch wütet es fort in den Straßen von Paris. Kein Hugenott darf am Leben bleiben.«

Jetzt zuckte mir der Gedanke an Gasparde wie ein glühender Blitz durchs Gehirn und alles andere verschwand im Dunkel.

»Laß mich!« schrie ich. »Mein Weib! mein armes Weib!« Boccard sah mich erstaunt und fragend an. »Dein Weib? Bist du verheiratet?«

»Gib Raum, Unseliger!« rief ich und warf mich auf ihn, der mir den Ausweg vertrat. Wir rangen miteinander und ich hätte ihn übermannt, wenn nicht einer seiner Schweizer ihm zu Hilfe gekommen wäre, indes der andere die Türe bewachte.

Ich wurde auf das Knie gedrückt.

»Boccard!« stöhnte ich. »Im Namen des barmherzigen Gottes – bei allem, was dir teuer ist, – bei dem Haupte deines Vaters – bei der Seligkeit deiner Mutter – erbarm dich meiner und laß mich frei! Ich sage dir, Mensch, daß mein Weib da draußen ist – daß sie vielleicht in diesem Augenblicke gemordet – daß sie vielleicht in diesem Augenblicke mißhandelt wird! Oh, oh!« – und ich schlug mit geballter Faust gegen die Stirn.

Boccard erwiderte begütigend, wie man mit einem Kranken spricht: »Du bist von Sinnen, armer Freund! Du könntest nicht fünf Schritte ins Freie tun, bevor dich eine Kugel niederstreckte! Jedermann kennt dich als den Schreiber des

Admirals. Nimm Vernunft an! Was du verlangst, ist unmöglich.«

Jetzt begann ich auf den Knieen liegend zu schluchzen wie ein Kind.

Noch einmal, halb bewußtlos wie ein Ertrinkender, erhob ich das Auge nach Rettung, während Boccard schweigend die im Ringen zerrissene Seidenschnur wieder zusammenknüpfte, an der die Silbermünze mit dem Bildnis der Madonna tief niederhing.

»Im Namen der Muttergottes von Einsiedeln!« flehte ich mit gefalteten Händen.

Jetzt stand Boccard wie gebannt, die Augen nach oben gewendet und etwas murmelnd wie ein Gebet. Dann berührte er das Medaillon mit den Lippen und schob es sorgfältig wieder in sein Wams.

Noch schwiegen wir beide, da trat, eine Depesche emporhaltend, ein junger Fähndrich* ein.

Fähnrich, Offiziersanwärter

»Im Namen des Königs und auf Befehl des Hauptmanns«, sagte er, »nehmt zwei Eurer Leute, Herr Boccard, und überbringt eigenhändig diese Ordre* dem Kommandanten der ⌜Bastille⌝.« – Der Fähndrich trat ab.

Befehl, Anordnung

Jetzt eilte Boccard, nach einem Augenblicke des Besinnens, das Schreiben in der Hand, auf mich zu:

»Tausche schnell die Kleider mit Cattani hier!« flüsterte er.

»Ich will es wagen. Wo wohnt sie?«

»Isle St. Louis.«

»Gut. Labe dich noch mit einem Trunke, du hast Kraft nötig.«

Nachdem ich eilig meiner Kleider mich entledigt, warf ich mich in die Tracht eines königlichen Schweizers, gürtete das Schwert um, ergriff die ⌜Hallebarde⌝ und Boccard, ich und der zweite Schweizer, wir stürzten ins Freie.

Neuntes Kapitel

Schon im Hofe des Louvre bot sich meinen Augen ein schrecklicher Anblick. Die Hugenotten vom Gefolge des Königs von Navarra lagen hier, frisch getötet, manche noch röchelnd, in Haufen übereinander. Längs der Seine weiter eilend begegneten wir auf jedem Schritte einem Greuel. Hier lag ein armer Alter mit gespaltetem Schädel in seinem Blute, dort sträubte sich ein totenblasses Weib in den Armen eines rohen Lanzenknechts*. Eine Gasse lag still wie das Grab, aus einer andern erschollen noch Hilferufe und mißtönige Sterbeseufzer.

Mit einem Speer bewaffneter Soldat

Ich aber, unempfindlich für diese unfaßbare Größe des Elends, stürmte wie ein Verzweifelter vorwärts, so daß mir Boccard und der Schweizer kaum zu folgen vermochten. Endlich war die Brücke erreicht und überschritten. Ich stürzte in vollem Laufe nach dem Hause des Rats, die Augen unverwandt auf seine hochgelegenen Fenster geheftet. An einem derselben wurden ringende Arme sichtbar, eine menschliche Gestalt mit weißen Haaren ward hinausgedrängt. Der Unglückliche, es war Chatillon, klammerte sich einen Augenblick noch mit schwachen Händen an das Gesims, dann ließ er es los und stürzte auf das Pflaster. An dem Zerschmetterten vorüber, erklomm ich in wenigen Sprüngen die Treppe und stürzte in das Gemach. Es war mit Bewaffneten gefüllt und ein wilder Lärm erscholl aus der offenen Türe des Bibliothekzimmers. Ich bahnte mir mit meiner Hallebarde den Weg und erblickte Gasparde, in eine Ecke gedrängt und von einer gierigen, brüllenden Meute umstellt, die sie, mein Pistol in der Hand und bald auf diesen bald auf jenen zielend, von sich abhielt. Sie war farblos wie ein Wachsbild und aus ihren weit geöffneten blauen Augen sprühte ein schreckliches Feuer.

Alles vor mir niederwerfend, mit einem einzigen Anlaufe,

war ich an ihrer Seite und »Gott sei Dank, du bist es!« rief sie noch und sank mir dann bewußtlos in die Arme.

Unterdessen war Boccard mit dem Schweizer nachgedrungen. »Leute!« drohte er, »im Namen des Königs verbiete ich euch, diese Dame nur mit einem Finger zu berühren! Zurück, wem sein Leben lieb ist! Ich habe Befehl, sie ins Louvre zu bringen!«

Er war neben mich getreten und ich hatte die ohnmächtige Gasparde in den Lehnstuhl des Rats gelegt.

Da sprang aus dem Getümmel ein scheußlicher Mensch mit blutigen Händen und blutbeflecktem Gesichte hervor, in dem ich den verfemten Lignerolles erkannte.

»Lug und Trug!« schrie er, »das, Schweizer? – Verkappte Hugenotten sind's und von der schlimmsten Sorte! Dieser hier – ich kenne dich wohl, vierschrötiger* Halunke, – hat den frommen Grafen Guiche gemordet und jener war dabei. Schlagt tot! Es ist ein verdienstliches* Werk diese schurkischen Ketzer zu vertilgen! Aber rührt mir das Mädel nicht an – die ist mein!«

Mann von breiter, kräftiger Gestalt

verdienstvolles

Und der Verwilderte warf sich wütend auf mich.

»Bösewicht«, rief Boccard, »dein Stündlein ist gekommen! Stoß zu, Schadau!« Rasch drängte er mit geschickter Parade die ruchlose Klinge in die Höhe und ich stieß dem Buben mein Schwert bis an das Heft in die Brust. Er stürzte.

Ein rasendes Geheul erhob sich aus der Rotte.

»Weg von hier!« winkte mir der Freund. »Nimm dein Weib auf den Arm und folge mir!«

Jetzt griffen Boccard und der Schweizer mit Hieb und Stoß das Gesindel an, das uns von der Türe trennte, und brachen eine Gasse, durch die ich, Gasparde tragend, schleunig nachschritt.

Wir gelangten glücklich die Treppen hinunter und betraten die Straße. Hier hatten wir vielleicht zehn Schritte getan, da fiel ein Schuß aus einem Fenster. Boccard schwankte, griff mit unsicherer Hand nach dem Medaillon, riß es hervor, drückte es an die erblassenden Lippen und sank nieder.

Er war durch die Schläfe getroffen. Der erste Blick überzeugte mich, daß ich ihn verloren hatte, der zweite, nach dem Fenster gerichtete, daß ihn der Tod aus meinem Reiterpistol getroffen, welches Gaspardes Hand entfallen war und das jetzt der Mörder frohlockend emporhielt. Die scheußliche Horde an den Fersen, riß ich mich mit blutendem Herzen von dem Freunde los, bei dem sein treuer Soldat niederkniete, bog um die nahe Ecke in das Seitengäßchen, wo meine Wohnung gelegen war, erreichte sie unbemerkt und eilte durch das ausgestorbene Haus mit Gasparde hinauf in meine Kammer.

Auf dem Flur des ersten Stockwerkes schritt ich durch breite Blutlachen. Der Schneider lag ermordet, sein Weib und seine vier Kinder, am Herd in ein Häuflein zusammengesunken, schliefen den Todesschlummer. Selbst der kleine Pudel, des Hauses Liebling, lag verendet bei ihnen. Blutgeruch erfüllte das Haus. Die letzte Treppe ersteigend, sah ich mein Zimmer offen, die halbzerschmetterte Türe schlug der Wind auf und zu.

Hier hatten die Mörder, da sie mein Lager leer fanden, nicht lange geweilt, das ärmliche Aussehen meiner Kammer versprach ihnen keine Beute. Meine wenigen Bücher lagen zerrissen auf dem Boden zerstreut, in eines derselben hatte ich, als mich Boccard überraschte, den Brief meines Ohms geborgen, er war herausgefallen und ich steckte ihn zu mir. Meine kleine Barschaft* trug ich noch von der Reise her in einem Gurt auf dem Leibe.

Mitgeführtes Bargeld

Ich hatte Gasparde auf mein Lager gebettet, wo die Bleiche zu schlummern schien, und stand neben ihr, überlegend was zu tun sei. Sie war unscheinbar wie eine Dienerin gekleidet, wohl in der Absicht mit ihrem Pflegevater zu fliehen. Ich trug die Tracht der Schweizergarde.

Ein wilder Schmerz bemächtigte sich meiner über all das

frevelhaft vergossene teure und unschuldige Blut. »Fort aus dieser Hölle!« sprach ich halblaut vor mich hin.

»Ja, fort aus dieser Hölle!« wiederholte Gasparde, die Augen öffnend und sich auf dem Lager in die Höhe richtend. »Hier ist unsres Bleibens nicht! Zum ersten nächsten Tore hinaus!«

»Bleibe noch ruhig!« erwiderte ich. »Unterdessen wird es Abend und die Dämmerung erleichtert uns vielleicht das Entrinnen.«

»Nein, nein«, versetzte sie bestimmt, »keinen Augenblick länger bleibe ich in diesem Pfuhl*! Was liegt am Leben, wenn wir zusammen sterben! Laß uns geradenwegs auf das nächste Tor zugehn. Werden wir überfallen und wollen sie mich mißhandeln, so erstichst du mich und erschlägst ihrer zwei oder drei, so sterben wir nicht ungerächt. – Versprich mir das!«

Tümpel, hier: der sprichwörtl. Sündenpfuhl

Nach einigem Überlegen willigte ich ein, da es auch mir besser schien, um jeden Preis der Not ein Ende zu machen. Konnte doch der Mord morgen von neuem beginnen, waren doch die Tore nachts strenger bewacht als am Tage.

Wir machten uns auf den Weg, durch die blutgetränkten Gassen langsam neben einander wandelnd unter einem wolkenlosen, dunkelblauen Augusthimmel.

Unangefochten erreichten wir das Tor.

Im Torwege vor dem Pförtchen der Wachtstube stand mit verschränkten Armen ein lothringischer Kriegsmann mit der Feldbinde* der Guisen, der uns mit stechendem Blicke musterte.

Armbinde als Erkennungszeichen

»Zwei wunderliche Vögel!« lachte er. »Wo hinaus, Herr Schweizer, mit Euerm Schwesterchen*?«

Hier: abfällig für Geliebte

Das Schwert lockernd schritt ich näher, entschlossen ihm die Brust zu durchbohren; denn ich war des Lebens und der Lüge müde.

»Bei den Hörnern des Satans! Seid Ihr es, Herr Schadau?« sagte der lothringische Hauptmann, bei dem letzten Worte seine Stimme dämpfend. »Tretet ein, hier stört uns niemand.«

Ich blickte ihm ins Gesicht und suchte mich zu erinnern. Mein ehemaliger böhmischer Fechtmeister tauchte mir auf.

»Ja freilich bin ich es«, fuhr er fort, da er meinen Gedanken mir im Auge las, »und bin's, wie mir dünkt, zur gelegenen Stunde.«

Mit diesen Worten zog er mich in die Stube und Gasparde folgte.

In dem dumpfigen* Raume lagen auf einer Bank zwei betrunkene Kriegsknechte, Würfel und Becher neben ihnen am Boden.

düsteren

»Auf, ihr Hunde!« fuhr sie der Hauptmann an. Der eine erhob sich mühsam. Er packte ihn am Arme und stieß ihn vor die Türe mit den Worten: »Auf die Wache, Schuft! Du bürgst mir mit deinem Leben, daß niemand passiert!« – Den andern, der nur einen grunzenden Ton von sich gegeben hatte, warf er von der Bank und stieß ihn mit dem Fuße unter dieselbe, wo er ruhig fortschnarchte.

»Jetzt belieben die Herrschaften Platz zu nehmen!« und er zeigte mit einer kavaliermäßigen Handbewegung auf den schmutzigen Sitz.

Wir ließen uns nieder, er rückte einen zerbrochenen Stuhl herbei, setzte sich rittlings darauf, den Ellbogen auf die Lehne stützend, und begann in familiärem Tone:

»Nun laßt uns plaudern! Euer Fall ist mir klar, Ihr braucht ihn mir nicht zu erläutern. Ihr wünscht einen Paß* nach der Schweiz, nicht wahr? – Ich rechne es mir zur Ehre, Euch einen Gegendienst zu leisten für die Gefälligkeit, mit der Ihr mir seinerzeit das schöne würtembergische Siegel gezeigt habt, weil Ihr wußtet, ich sei ein Kenner. ⌜Eine Hand wäscht die andere.⌝ Siegel gegen Siegel. Diesmal kann i c h Euch mit einem aushelfen.«

Passierschein

Er kramte in seiner Brieftasche und zog mehrere Papiere heraus.

»Seht, als ein vorsichtiger Mann ließ ich mir für alle Fälle von meinem gnädigen Herzog Heinrich für mich und meine Leute, die wir gestern nacht dem Admiral unsre Aufwartung machten«, diese Worte begleitete er mit einer Mordgebärde, vor der mir schauderte, »die nötigen Reisepapiere geben. ⌜Der Streich konnte fehlen.⌝ Nun, die Heiligen haben sich dieser guten Stadt Paris angenommen! – Einer der Pässe – hier ist er – lautet auf einen beurlaubten königlichen Schweizer, den ⌜Fourier⌝ Koch. Steckt ihn zu Euch! er gewährt Euch freie Straße durch Lothringen an die Schweizergrenze. Das wäre nun in Ordnung. – Was das Fortkommen mit Euerm Schätzchen betrifft, zu dem ich Euch, ohne Schmeichelei, Glück wünsche«, hier verneigte er sich gegen Gasparde, »so wird die schöne Dame schwerlich gut zu Fuße sein. Da kann ich Euch denn zwei Gäule abtreten, einen sogar mit Damensattel – denn auch ich bin nicht ungeliebt und pflege selbander* zu reiten. Ihr gebt mir dafür vierzig Goldgulden, bar, wenn Ihr es bei Euch habt, sonst genügt mir Euer Ehrenwort. Sie sind etwas abgejagt, denn wir wurden Hals über Kopf nach Paris aufgeboten*; aber bis an die Grenze werden sie noch dauern*.« Und er rief durch das Fensterchen einem Stalljungen, der am Tore herumlungerte, den Befehl zu schleunig zu satteln.

zu zweit

entsendet

durchhalten

Während ich ihm das Geld, fast mein ganzes Besitztum, auf die Bank vorzählte, sagte der Böhme:

»Ich habe mit Vergnügen vernommen, daß Ihr Euerm Fechtmeister Ehre gemacht habt. Freund Lignerolles hat mir alles erzählt. Er wußte Euern Namen nicht, aber ich erkannte Euch gleich aus seiner Beschreibung. Ihr habt den Guiche erstochen! Alle Wetter, das will etwas heißen. Ich hätte Euch das nie zugetraut. Freilich meinte Lignerolles, Ihr hättet Euch die Brust etwas gepanzert. Das sieht Euch nicht gleich, doch zuletzt hilft sich jeder wie er kann.«

Während dieses grausigen Geplauders saß Gasparde stumm und bleich. Jetzt wurden die Tiere vorgeführt, der

Böhme half ihr, die unter seiner Berührung zusammenschrak, kunstgerecht in den Sattel, ich schwang mich auf das andere Roß, der Hauptmann grüßte und wir sprengten durch den hallenden Torweg und über die donnernde Brücke gerettet von dannen.

Zehntes Kapitel

Zwei Wochen später, an einem frischen Herbstmorgen ritt ich mit meinem jungen Weibe die letzte Höhe des Gebirgszuges hinan, der die Freigrafschaft von dem ⌜neuenburgischen Gebiete⌝ trennt. Der Grat* war erklommen, wir ließen unsre Pferde grasen und setzten uns auf ein Felsstück.

Bergkamm

Eine weite friedliche Landschaft lag in der Morgensonne vor uns ausgebreitet. Zu unsern Füßen leuchteten die Seen von Neuenburg, Murten* und Biel; weiterhin dehnte sich das frischgrüne Hochland von Fryburg mit seinen schönen Hügellinien und dunkeln Waldsäumen; die eben sich entschleiernden Hochgebirge bildeten den lichten Hintergrund.

Franz. Morat im Kanton Fribourg

»Dies schöne Land also ist deine Heimat und endlich evangelischer Boden?« fragte Gasparde.

Ich zeigte ihr links das in der Sonne blitzende Türmchen des Schlosses Chaumont.

»Dort wohnt mein guter Ohm. Noch ein paar Stunden, und er heißt dich als sein geliebtes Kind willkommen! – Hier unten an den Seen ist evangelisches Land, aber dort drüben, wo du die Turmspitzen von Fryburg erkennen kannst, beginnt das katholische.«

Als ich Fryburg nannte, verfiel Gasparde in Gedanken. »Boccards Heimat!« sagte sie dann. »Erinnerst du dich noch, wie froh er an jenem Abende war, als wir uns zum ersten Male bei Melun begegneten! Nun erwartet ihn sein Vater vergebens – und für mich ist er gestorben.«

Schwere Tropfen sanken von ihren Wimpern.

Ich antwortete nicht, aber blitzschnell zog an meiner Seele die Geschichte der verhängnisvollen Verkettung meines Loses* mit dem meines heitern Landsmannes vorüber und meine Gedanken verklagten und entschuldigten sich untereinander.

Schicksals

Unwillkürlich griff ich an meine Brust auf die Stelle, wo Boccards Medaille mir den Todesstoß aufgehalten hatte. Es knisterte in meinem Wams wie Papier; ich zog den vergessenen, noch ungelesenen Brief meines Ohms heraus und erbrach das unförmliche Siegel. Was ich las, versetzte mich in schmerzliches Erstaunen. Die Zeilen lauteten:

Lieber Hans!

Wenn Du dieses liesest, bin ich aus dem Leben oder vielmehr bin ich in das Leben gegangen.

Seit einigen Tagen fühle ich mich sehr schwach, ohne gerade krank zu sein. ⌜In der Stille leg' ich ab Pilgerschuh' und Wanderstab.⌝ Dieweil ich noch die Feder führen kann, will ich Dir selbst meine ⌜Heimfahrt⌝ melden und den Brief an Dich eigenhändig überschreiben*, damit eine fremde Handschrift Dich nicht betrübe. – Bin ich hinüber, so hat der alte Jochem den Auftrag ein Kreuz zu meinem Namen zu setzen und den Brief zu siegeln. Rot, nicht schwarz. Ziehe auch kein Trauergewand um mich an, denn ich bin in der Freude. Ich lasse Dir mein irdisches Gut, vergiß Du das himmlische nicht.

adressieren

Dein treuer Ohm Renat.

Daneben war mit ungeschickter Hand ein großes Kreuz gemalt. Ich kehrte mich ab und ließ meinen Tränen freien Lauf. Dann erhob ich das Haupt und wandte mich zu Gasparde, die mit gefalteten Händen an meiner Seite stand, um sie in das verödete Haus meiner Jugend einzuführen.

Anhang

Conrad Ferdinand Meyer
Gedichte aus dem Stoffumfeld des *Amuletts*

⌜Das Weib des Admirals⌝

Auf mondenhellem Lager wälzt ein Weib,
Ein schlummerloses, sich: »O banger Pfühl*!
Auch du, mein sorgender Gemahl, du wachst!
Wer dürfte schlafen? Horch, die Folter* stöhnt …
Erwürgte* modern ohne Leichentuch,
Sieh unser Linnen*, ⌜Chatillon⌝, wie fein!
Gen Himmel schreit der ⌜Märtrer⌝ ⌜frommes Blut⌝,
Ich schreie, Herr, in deinen Armen mit!
Mein Held, ⌜ich rede Zeugnis gegen dich
Vor Gott⌝, ⌜entrollest du dein Banner nicht⌝!«
Sie schweigt in düstrer Glut. Er sinnt und sagt:
»Erwäge, Weib, die Schrecken, die du wählst!
Dies Haus in Rauch und Trümmern! Dies mein Haupt
Verfemt*, dem Meuchelmord* gezeigt – geraubt!
Entehrt dies Wappen von des Henkers Hand!
Du mit den Knaben bettelnd auf der Flucht!
Wählst du dir solches? Nimm drei Tage Frist!«
»Drei Tage Frist? Sie sind vorbei. Brich auf!«

Das von Angstschweiß durchtränkte Kissen
Folterbank
Ermordete
Feines Betttuch
zum Tode verurteilt
Heimtückischer Mord

Hugenottenlied

In die Schule bin ich gangen
Bei dem Meister ⌜Hans Calvin⌝,
Lehre hab ich dort empfangen:
Vorbestimmt ist alles ewighin!
Jeder volle Wurf* im Würfelspiele,

Pasch beim Würfeln

Jeder Diebestritt auf Liebchens Diele,
Jeder Kuß –
Schicksalsschluß!

in die Kavallerie eingetreten

Dann bin ich zu Roß gestiegen*
Mit dem Hauptmann ⌜Des Adrets⌝,
Der das Kindlein in der Wiegen
Würgt und sich ergötzt an Qual und Weh!
Jeder First, der raucht und dampft und lodert,
Jeder Tote, der im Graben modert,
Jeder Schuß –
Schicksalsschluß!

Die ⌜Karyatide⌝

Im Hof des ⌜Louvre⌝ trägt ein Weib
Die Zinne mit dem Marmorhaupt,
Mit einem allerliebsten Haupt.
Als ⌜Meister Goujon⌝ sie geformt
In feinen Linien, überschlank,
Und stehend auf dem Baugerüst
Die letzte Locke meißelte,
Erschoß den Meister hinterrücks
(Am Tag der ⌜Saint-Barthelemy⌝)
Ein überzeugter Katholik.
Vorstürzend überflutet' er
Den feinen Busen ganz mit Blut,
Dann sank er rücklings in den Hof.
Die Marmormagd entschlummerte
Und schlief dreihundert Jahre lang,
Ein Feuerschein erwärmte sie
(⌜Am Tag, da die Kommüne focht⌝),
Sie gähnt' und blickte rings sich um:
Wo bin ich denn? In welcher Stadt?
Sie morden sich. Es ist Paris.

Die Füße im Feuer

Wild zuckt der Blitz. In fahlem Lichte steht ein Turm.
Der Donner rollt. Ein Reiter kämpft mit seinem Roß,
Springt ab und pocht ans Tor und lärmt. Sein Mantel saust
Im Wind. Er hält den scheuen Fuchs* am Zügel fest.
Ein schmales Gitterfenster schimmert goldenhell
Und knarrend öffnet jetzt das Tor ein Edelmann …

Pferd mit bräunlichem, rötlichem oder gelblichem Fell

»Ich bin ein Knecht des Königs*, als Kurier geschickt
Nach Nîmes. Herbergt mich! Ihr kennt des Königs Rock*!«
»Es stürmt. Mein Gast bist du. Dein Kleid, was kümmert's mich?
Tritt ein und wärme dich! Ich sorge für dein Tier!«
Der Reiter tritt in einen dunkeln Ahnensaal*,
Von eines weiten Herdes* Feuer schwach erhellt,
Und je nach seines Flackerns launenhaftem Licht
Droht hier ein Hugenott im Harnisch*, dort ein Weib,
Ein stolzes Edelweib aus braunem Ahnenbild …
Der Reiter wirft sich in den Sessel vor dem Herd
Und starrt in den lebendgen Brand. Er brütet, gafft …
Leis sträubt sich ihm das Haar. Er kennt den Herd, den Saal …
Die Flamme zischt. Zwei Füße zucken in der Glut.

Angehöriger der königl. Armee

Die Uniform der königl. Armee

Festsaal mit Ahnengalerie

Kamins

Rüstung

Den Abendtisch bestellt die greise Schaffnerin*
Mit Linnen blendend weiß. Das Edelmägdlein* hilft.
Ein Knabe trug den Krug mit Wein. Der Kinder Blick
Hangt schreckensstarr am Gast und hangt am Herd entsetzt …
Die Flamme zischt. Zwei Füße zucken in der Glut.
»Verdammt! Dasselbe Wappen! Dieser selbe Saal!
Drei Jahre sind's … Auf einer Hugenottenjagd …
Ein fein, halsstarrig Weib … ›Wo steckt der Junker*? Sprich!‹

Dienerin, Haushälterin

Adeliges Mädchen, hier: die Tochter des Edelmanns

(Junger) adliger Mann, hier gleichbedeutend mit dem Edelmann

Sie schweigt. ›Bekenn!‹ Sie schweigt. ›Gib ihn heraus!‹
Sie schweigt.
Ich werde wild. *Der* Stolz! Ich zerre das Geschöpf …
Die nackten Füße pack ich ihr und strecke sie
Tief mitten in die Glut … ›Gib ihn heraus!‹ …
Sie schweigt …
Sie windet sich … Sahst du das Wappen nicht am Tor?
Wer hieß dich hier zu Gaste gehen, dummer Narr?
Hat er nur einen Tropfen Bluts*, erwürgt er dich.«
Eintritt der Edelmann. »Du träumst! Zu Tische, Gast …«

Mut; hier: Rachegelüste haben

Da sitzen sie. Die drei in ihrer schwarzen Tracht*
Und er. Doch keins der Kinder spricht das Tischgebet.
Ihn starren sie mit aufgerißnen Augen an –
Den Becher füllt und übergießt er, stürzt den Trunk,
Springt auf: »Herr, gebet jetzt mir meine Lagerstatt!
Müd bin ich wie ein Hund!« Ein Diener leuchtet ihm,
Doch auf der Schwelle wirft er einen Blick zurück
Und sieht den Knaben flüstern in des Vaters Ohr …
Dem Diener folgt er taumelnd in das Turmgemach.

Die für Hugenotten charakteristische Kleidung

Fest riegelt er die Tür. Er prüft Pistol und Schwert.
Gell pfeift der Sturm. Die Diele bebt. Die Decke stöhnt.
Die Treppe kracht … Dröhnt hier ein Tritt? Schleicht dort
ein Schritt? …
Ihn täuscht das Ohr. Vorüberwandelt Mitternacht.
Auf seinen Lidern lastet Blei und schlummernd sinkt
Er auf das Lager. Draußen plätschert Regenflut.

Er träumt. »Gesteh!« Sie schweigt. »Gib ihn heraus!«
Sie schweigt.
Er zerrt das Weib. Zwei Füße zucken in der Glut.
Aufsprüht und zischt ein Feuermeer, das ihn
verschlingt …
»Erwach! Du solltest längst von hinnen sein*! Es tagt!«

fort, unterwegs sein

Durch die Tapetentür* in das Gemach gelangt, Vgl. S. 45.8
Vor seinem Lager steht des Schlosses Herr – ergraut,
Dem gestern dunkelbraun sich noch gekraust das Haar.

Sie reiten durch den Wald. Kein Lüftchen regt sich heut.
Zersplittert liegen Ästetrümmer quer im Pfad,
Die frühsten Vöglein zwitschern, halb im Traume noch.
Friedsel'ge Wolken schwimmen durch die klare Luft,
Als kehrten Engel heim von einer nächtgen Wacht.
Die dunkeln Schollen* atmen kräftgen Erdgeruch, Umgepflügter Ackerboden
Die Ebne öffnet sich. Im Felde geht ein Pflug.
Der Reiter lauert aus den Augenwinkeln: »Herr,
Ihr seid ein kluger Mann und voll Besonnenheit
Und wißt, daß ich ⌜dem größten König eigen⌝ bin.
Lebt wohl! Auf Nimmerwiedersehn!« Der andre spricht:
»Du sagst's! Dem größten König eigen! Heute ward
Sein Dienst mir schwer … Gemordet hast du teuflisch mir
Mein Weib! Und lebst! … ⌜Mein ist die Rache, redet Gott⌝.«

Ein ⌜Pilgrim⌝

's ist im ⌜Sabinerland⌝ ein Kirchentor –
Mir war ein ⌜Reisejugendtag⌝ erfüllt –
Ich saß auf einer Bank von Stein davor,
In einen langen Mantel eingehüllt,
Aus dem Gebirge blies ein harscher Wind –
Vorüber schritt ein Weib mit einem Kind,
Das, zu der Mutter flüsternd, scheu begann:
Da sitzt ein ⌜Pilgerim und Wandersmann⌝!

Mir blieb das Wort des Kindes eingeprägt,
Und wo ich neues Land und Meer erschaut,
Den Wanderstecken neben mich gelegt,

Wo das Geheimnis einer Ferne blaut,
Ergriff mich unersättlich Lebenslust
Und füllte mir die Augen und die Brust,
Hell in die Lüfte jubelnd rief ich dann:
Ich bin ein Pilgerim und Wandersmann!

Es war am ⌜Comer- oder Langensee⌝,
Auf lichter Tiefe trug das Boot mich hin
Entgegen meinem ⌜ewgen stillen Schnee⌝
Mit einer andern lieben Pilgerin –
Hier: geliebte, seelenverwandte Person
Rasch zog mir meine Schwester* aus dem Haar,
Dem braungelockten, eins, das silbern war,
Und es betrachtend, seufzt' ich leicht und sann:
Du bist ein Pilgerim und Wandersmann.

Mit Weib und Kind an meinem eignen Herd
Geborgenheit vermittelnden
In einer häuslich trauten* Flamme Schein
Dünkt keine Ferne mir begehrenswert,
So ist es gut! So sollt' es ewig sein …
Jetzt fällt das Wort mir plötzlich in den Sinn
Der kleinen furchtsamen Sabinerin,
Das Wort, das nimmer ich vergessen kann:
Da sitzt ein Pilgerim und Wandersmann.

Peter de Mendelssohn
Die Parisische Bluthochzeit

[…] 1536, im Todesjahr des Erasmus, veröffentlichte Calvin in Basel seine Schrift »Christianae religionis institutio«; acht Jahre darauf ordnete die Sorbonne die Verbrennung von Calvins Schriften an. Zwischen diesen beiden Daten braute sich das Unheil zusammen. Franz I. hatte sich unter dem Einfluß der Erasmier noch zu gemäßigtem Vorgehen gegen das Luthertum verstanden; aber die provokatorische antikatholische »Plakataffäre« von 1534 löste die ersten offenen und blutigen Unterdrückungsmaßnahmen aus. Ein Dekret vom 29. Januar 1535 ordnete die Ausrottung der Ketzer an; fünf Jahre später leitete das Edikt von Fontainebleau, das die Jurisdiktion über die Ketzerei nicht den geistlichen Behörden, sondern den weltlichen Tribunalen, den *parlements*, übertrug, die staatlich organisierte Protestantenverfolgung ein.
In diesen grausamen Jahren gingen Tausende zugrunde, unter ihnen 1545 die Waldenser. Als Heinrich II. 1547 auf Franz I. folgte und unverzüglich mit der *Chambre ardente* das schärfste Verfolgungsinstrument schuf, hatte der Calvinismus das Luthertum in Frankreich bereits weitgehend verdrängt. 1548 heiratete Jeanne d'Albret, die Erbin des Königsreichs Navarra, Antoine de Bourbon, und mit seinem Übertritt zum Calvinismus wurde der größte Teil Südwestfrankreichs hugenottisch. Ihr Sohn Heinrich von Navarra, am 14. Dezember 1553 in Pau katholisch geboren, wuchs als Hugenotte auf. Gaspard de Coligny, der bedeutendste Heerführer des Königshauses, 1557 bei St. Quentin in spanische Gefangenschaft geraten, erhielt von seinem Bruder aus Genf die Schriften Calvins geschickt und trat zwei Jahre darauf bei seiner Freilassung, gleich seinem Neffen Condé, zum Calvinismus über.

Diese gesellschaftliche Verlagerung des reformierten Bekenntnisses ist ein wesentlicher Schlüssel zur Bartholomäusnacht. Calvins früheste Anhänger entstammten hauptsächlich den niederen Bevölkerungsschichten und hatten der *Chambre ardente* die meisten Opfer geliefert. Um die Zeit, als die Reformbewegung im Volk bereits weitgehend »ausgebrannt« war, griff sie auf das Großbürgertum und den Hochadel über, spaltete das »Establishment« und schuf damit zwei politische Parteien, die außenpolitisch entgegengesetzt, prospanisch und antispanisch, orientiert waren: die Bourbon und Châtillon auf hugenottischer, die lothringischen Guise auf katholischer Seite.

Der Friede von Câteau-Cambrésis 1559 zwischen Spanien und Frankreich, der Coligny freisetzte, enthielt eine Vereinbarung zwischen Heinrich II. und Philipp II. über die rücksichtslose Unterdrückung der Protestanten in Frankreich, deren stärkste auswärtige Stütze die neue Königin von England, Elisabeth, war. Am 2. Juni 1559 verhängte das Edikt von Ecouen die Todesstrafe für Ketzer. Um diese Zeit gab es bereits zweitausend calvinistische Gemeinden in Frankreich, die sich zu einer reformierten Kirche zusammenschlossen. Die Herkunft des Wortes »Hugenotte« ist nicht sicher. Das französische »huguenot« bedeutete in älterer Zeit soviel wie »Münze von geringem Wert«, worin sich eine Erinnerung an die »Hausgenossen«, die verachtete Zunft der Münzer, erhalten hatte. Wenn es sich hingegen, wie eine andere Etymologie wissen will, vom deutschen *eigenots* oder Eidgenossen herleitete, so paßte es auf diese Verschworenen, die unter der Führung der Jeanne d'Albret von Navarra entschlossen waren, Frankreich aus der habsburgischen Umklammerung zu befreien und zu einem Königreich der »wahren Religion« zu machen.

Es gab eine dritte Partei, die sich zu Beginn der sechziger Jahre herausbildete und aus Angehörigen beider Bekenntnisse bestand. Sie erkannte, daß von den Söhnen Heinrichs

II. und der Katharina Medici für die Stabilität des Staates nicht viel zu hoffen war. Sie waren schwache, kränkliche, unreife Burschen, die ein entschlossener Anschlag von der einen oder anderen Seite beiseite räumen konnte. Aber es waren ihrer vier, einer folgte dem anderen auf den Thron, wenn man sich ihrer der Reihe nach entledigen mußte, konnte das lange dauern und jahrzehntelanges Chaos bedeuten.

Die dritte Partei vertrat die Auffassung, der Konflikt zwischen den Bekenntnissen sei weniger gewichtig als die Gefahr, die dem Staat aus dem Bürgerkrieg erwuchs. Politische Stabilität war ihre oberste Forderung – daher ihr Name *politiques*, die Politischen. Ihr bedeutendster Vertreter war Michel de L'Hospital, der 1560 Kanzler wurde. Der erste der vier Valois-Prinzen, Franz II., Gatte der Maria Stuart, war schon nach Jahresfrist weggestorben. Der zweite, Karl IX., war ein zehnjähriges Kind, für den Katharina Medici die Regentschaft führte. Katharina hatte nur eines im Sinn: ihren Söhnen gegen die Guise auf der einen, die Bourbon auf der anderen Seite den Thron zu erhalten. Das Mittel hierzu schien die Entschärfung des Bekenntnis-Konflikts. L'Hospital war ihr Mann.

L'Hospital, ein erasmischer Irenist und erstaunlich undogmatischer Katholik, schritt unverzüglich gegen die Protestantenverfolgungen ein. Schon 1560 erließ er eine Weisung an die Behörden, den Landfrieden zu wahren, »ohne mit Strafmaßnahmen gegen jene vorzugehen, die der Ketzerei verdächtig sind, es sei denn gegen solche, die bewaffneten Umsturz verursachen«. Durch ein entsprechendes Regierungsedikt vom Februar 1561 wurde die Ketzerverfolgung von Amts wegen ausgesetzt, und ein zweites Edikt L'Hospitals vom April 1561 verbot den Franzosen, einander als »Papisten, Hugenotten oder mit ähnlichen Namen zu beschimpfen, Kruzifixe oder Heiligenbilder zu zerstören, in die Bethäuser einzudringen, Plakate anzukleben und unter dem Vorwand der Aufdeckung verbotener Versammlungen Häuser zu plündern«. Im Mai übertrug das Edikt von Romorantin die Zuständigkeit in Religionsfragen von den _parlements_ auf die Bischöfe, und die Todesstrafe für Ketzer wurde aufgehoben.

Frankreich besaß in diesen Jahren in der Tat eine Regierung, für die Toleranz und Koexistenz das oberste Staatsgebot waren. L'Hospital ließ zum erstenmal seit 1484 die ⌜Generalstände⌝ wieder zusammentreten und redete ihnen auf den Ständeversammlungen in Orléans und Saint-Germain eindringlich ins Gewissen:

(lat.) Steck dein Schwert in die Scheide.

»Die Sache Gottes bedarf nicht der Verteidigung durch Waffen. _Mitte gladium tuum in vaginam._* Unsere Religion wurde mit Waffengewalt weder begonnen noch fortgeführt, noch bewahrt. Das Messer ist nutzlos gegen den Geist, wenn anders es nicht zusammen mit dem Leib auch die Seele vernichten soll.« Die Aufgabe der Stände sei nicht, religiöse Meinungsverschiedenheiten zu erörtern, sondern dem Königreich Ruhe und Ordnung zu verschaffen: »Der König wünscht nicht, daß Ihr in Auseinandersetzungen darüber eintretet, welche Auffassung die bessere sei, denn es handelt sich hier nicht um _de constituenda religione, sed de constituenda republica_*, und es ist durchaus möglich, _cives qui non erunt christini_* zu sein, denn sogar ein Exkommunizierter hört nicht auf, ein Staatsbürger zu sein.«

(lat.) die Einsetzung der Religion, sondern die Einsetzung der Republik

(lat.) Bürger zu sein, ohne Christ zu sein

Im September 1561 berief L'Hospital ein großes Religionsgespräch nach Poissy ein und erklärte dort, wolle man versuchen, die Protestanten zu zerschmettern, so bringe man damit die ganze Gesellschaft in Gefahr, denn »die Mehrzahl der Evangelischen sind reiche und begüterte Leute, die, wie jedermann weiß, als Säulen dienen, um den König zu stützen«.

Dieser Versuch Katharinas und ihres Staatskanzlers, durch ein Nationalkonzil eine Versöhnung herbeizuführen, blieb ergebnislos. Nun hatte die Königin drei Möglichkeiten: die

Parteien gegeneinander auszuspielen, eine Partei gegen die andere zu unterstützen oder den protestantischen Fürsten eine gewisse Autonomie einzuräumen. Letztere hätte die Einheit des Staates und die Autorität des Königs gefährdet. Katharina entschloß sich, die Politik der Versöhnung gegenüber den Hugenotten fortzuführen. Das Toleranzedikt von 1562 führte, wie vorauszusehen, zu einem Machtzuwachs der Hugenotten und zu scharfer Opposition seitens der Guise-Partei. In Paris steckte die Menge die Häuser der Reformierten in Brand, im Süden griffen die Hugenotten die katholischen Kirchen an. Im März 1562 marschierte der Herzog von Guise mit seinen Leuten durch die Stadt Vassy, stieß auf ein hugenottisches Bethaus, überfiel es und machte die Gläubigen nieder. Die Koexistenzpolitik war offensichtlich gescheitert; von neuem – zum wievielten Mal? – brach der Bürgerkrieg aus.

Abermals gelang mit dem II. Edikt von Amboise, 1563, eine zeitweilige Befriedung. Es garantierte zwar die Glaubensfreiheit, beschränkte aber die offene Ausübung der protestantischen Religion auf die bedeutenden Grundbesitzer- und Adelsfamilien, also jene, deren Unterstützung das Establishment brauchte. Mit der Annahme dieses Kompromisses büßten die aristokratischen Führer der Hugenotten, vornehmlich Jeanne d'Albret, Condé, Coligny, die Unterstützung der ausgeschlossenen Massen des Volkes ein, mit deren Hilfe sie Frankreich vielleicht hätten gewinnen können.

Während Coligny, an den Hof zurückgekehrt, seinen ganzen Einfluß aufbot, um Karl IX. zum Protestantismus zu bekehren; während Guise versuchte, Marguerite – die dicke Margot –, des Königs Schwester, zu heiraten und sich so eine strategische Position zur Ausschaltung ihrer verbleibenden zwei Brüder zu verschaffen, unternahm Condé einen tölpelhaften Anschlag, um sich der Königinmutter und des Königs zu bemächtigen. Sein Fehlschlag löste einen neuen Krieg aus und ließ Katharina nun ernsthaft an ihrer Versöhnungspolitik zweifeln. Sie hatte jetzt nicht nur die Guise, sondern auch die Navarra satt und fürchtete sich vor beiden.

Die Politischen indessen gaben nicht auf. ⌜Der weise Abt von Bois-Aubry⌝ hatte auf der Ständeversammlung erklärt: »Es hat keinen Sinn, in Sachen des Gewissens und der Religion Gewalt anwenden zu wollen, denn das Gewissen ist wie die Hand, je mehr man sie drückt, desto kräftiger widersteht sie.« Die Politischen brachten im August 1570 den Vertrag von Saint-Germain zustande, der noch einmal Frieden stiftete und den Protestanten Gewissensfreiheit gab. Um ihn zu besiegeln, verfiel Katharina Medici auf die Idee, die dicke Margot mit Heinrich von Navarra, ihren dritten Sohn, Heinrich von Anjou, mit Elisabeth von England zu verheiraten. Zwei protestantische Ehebündnisse! Aus dem englischen wurde nichts, denn Elisabeth Tudor lachte ihren Botschafter Walsingham einfach aus. Aus dem navarresischen wurde die Bartholomäusnacht.

Coligny meinte, gewonnen zu haben. Er verlangte von Karl IX. eine radikale Kursänderung der Bündnispolitik, Verständigung mit England, Krieg gegen Spanien, das unter anderem das spanische Navarra herausgeben sollte. Die Verlobung Marguerites mit dem hugenottischen Henri hatte den katholischen Adel unter der Führung der Guise bereits aufs höchste aufgebracht; Colignys Machtanspruch trieb Katharina endgültig ins Lager der Guise.

Man könnte fast meinen, was nun geschah, habe sich im Grunde unter halben Kindern und unreifen Halbwüchsigen abgespielt. Von allen Beteiligten waren, für unsere Begriffe, nur Katharina und Coligny, beide dreiundfünfzig, erwachsene Menschen. Henri von Navarra und die dicke Margot waren beide neunzehn, Condé war zwanzig, Anjou, der spätere Heinrich III., einundzwanzig, Karl IX. und Heinrich von Guise zweiundzwanzig Jahre alt. Aber alle wußten sie, was sie wollten.

Am 9. Juni 1572 starb Jeanne d'Albret plötzlich in Paris. Ihr Sohn war überzeugt, daß die Medici sie vergiftet habe, um das ⌜dynastische⌝ Oberhaupt der Hugenotten zu beseitigen. Am 18. August wurden Heinrich von Navarra und Marguerite Valois von Heinrichs katholisch gebliebenem Onkel Kardinal Charles de Bourbon in Paris getraut. Der ganze hugenottische Adel war zu dem Fest in Paris zusammengeströmt. Jetzt war das neue dynastische Oberhaupt der Protestanten gefesselt. Henri erkannte zu spät: Er war in eine Falle gegangen.

Die Beseitigung des politischen Hugenotten-Hauptes mißlang beim ersten Streich: Coligny wurde bei einem Attentat am 22. August nur schwer verwundet. Karl IX. leitete eine Untersuchung ein und entdeckte als Anstifter die Guise und seine eigene Mutter. Katharina geriet in Panik. Sie gestand ihrem Sohn die Rolle, die sie gespielt hatte, und überzeugte ihn, sie alle seien verloren, wenn man jetzt nicht zum Äußersten schreite. Denn mit einem fürchterlichen Racheakt der Hugenotten für die versuchte Ermordung Colignys sei stündlich zu rechnen. Diesem Gegenschlag mußte der König zuvorkommen. Rottete er mit einem Gewaltstreich die in Paris versammelten Hugenotten aus, dann brach die Partei zusammen, der ganze Fall war erledigt, das Haus Valois gesichert.

Karl zauderte, schwankte, gab dann plötzlich nach. Um halb zwei Uhr morgens am 24. August 1572 gab das Glockengedröhn von Saint-Germain-l'Auxerrois* das Zeichen. [...]

*Hofkirche des Louvre aus dem 15. Jh.

So steht es in den Geschichtsbüchern. Ob es ganz stimmt, scheint indessen zweifelhaft. In neuerer Zeit ist man geneigt, Katharina Medici nicht die ganze, alleinige Schuld an der Bartholomäusnacht zuzuschreiben; auch zweifelt man, ob das Massaker so blitzartig der Eingebung eines Panikaugenblicks entsprungen sein kann. Die Niedermetzelung von dreitausend Pariser Bürgern – und sorgfältig ausgesuchten

Bürgern – läßt sich kaum binnen weniger Stunden organisieren. Die gegen die Hugenotten aufgebrachte Pariser Bevölkerung leistete eine planvolle Mithilfe, die der Vorbereitung bedurft haben muß. Es waren, wie man weiß, Listen hergestellt worden, damit niemand entwischte.

Wahrscheinlicher, daß der Plan von längerer Hand von den Guise angelegt war, daß die Giftmischerin Medici nur den Hebel drückte, der den König herumschwang. Tatsächlich entwischten nur zwei: Henri von Navarra und sein Vetter Condé, und sie schützte der König. Guise indessen begab sich persönlich zu Coligny ins Hotel Ponthieu und ließ den Verletzten durch seinen Helfershelfer Jan Janowitz, genannt »Besme«, denn er war ein Böhme, im Bett umbringen.

Die Parisische Bluthochzeit regelte nichts, erledigte nichts. Henri von Navarra, Gefangener im Louvre, mußte seinem Glauben abschwören. Aber vier Jahre später, 1576, gelang ihm bei Nacht die Flucht. Heimgekehrt in sein Königreich, kehrte er sofort zum protestantischen Bekenntnis zurück und übernahm die Führung im »Krieg der drei Heinriche«. Keiner der drei Heinriche starb friedlich in seinem Bett. Heinrich III. ließ Heinrich von Guise 1588 in Blois ermorden und wurde selber im Jahr darauf von einem katholischen Fanatiker namens Jacques Clement in Saint-Germain ermordet. Heinrich von Navarra gewann schließlich, nachdem alle vier Valois dahin waren, den Thron, aber erst nachdem er abermals die Religion gewechselt hatte. Seine Ehe mit der dicken Margot hielt nicht, wurde 1599 geschieden. Im Jahr darauf heiratete er Maria Medici, eine entfernte Nichte der Frau, die seine Mutter vergiftet hatte. Zehn Jahre später brachte ein Hitzkopf namens Ravaillac ihn um. Auch dieser Mörder war gedungen* – vom ⌜Herzog von Epérnon⌝. Es hieß, er sei immerhin wenigstens ein echter Verrückter gewesen. Aber vermutlich ist auch das nicht wahr. [...]

für seine Tat bezahlt worden

Kommentar

Zeittafel

1825 Conrad Meyer wird am 11.10. als erstes Kind des Regierungsrats Ferdinand Meyer (1799–1840) und dessen Frau Elisabeth Meyer (geb. Ulrich; 1802–1856) in Stampfenbach bei Zürich geboren. Seine Familie gehört der Zürcher Oberschicht an. Meyer wird streng protestantisch erzogen. Er gilt zunächst als heiteres Kind, zeigt aber schon früh einen Hang zu Träumereien und Zerstreutheit.

1831 Eintritt in die Volksschule. – 19.3.: Geburt der Schwester Elisabeth, genannt Betsy († 1912).

1832 Meyers Vater tritt aus dem Regierungsrat zurück und arbeitet fortan als Lehrer für Geschichte und Geographie an einer Kantonsschule.

1837 Eintritt ins Gymnasium

1840 10.5.: Tod des Vaters. – Meyer zeigt zunehmend depressive Züge, das Verhältnis zu seiner Mutter, die sich in ihrer Frömmigkeit um sein Seelenheil sorgt, ist angespannt.

1843 Mai: Meyer verlässt das Gymnasium ohne Abschluss und wird von seiner Mutter in die Obhut eines Freundes der Familie, des Historikers Louis Vulliemin (1797–1879), in Lausanne gegeben. Dort lernt er insbesondere die klassische und zeitgenössische französische Literatur kennen und unternimmt erste ernsthafte lyrische Versuche.

1844 Juni: Rückkehr nach Zürich. Matura (Abitur). – Oktober: Auf Anraten des Familienfreundes und Rechtsprofessors Johann Caspar Bluntschli (1808–1881) nimmt Meyer ein juristisches Studium an der Universität Zürich auf, dem er jedoch nur lustlos nachgeht. – In den folgenden Jahren zieht sich Meyer mehr und mehr zurück. Er widmet sich vornehmlich seiner Lyrik und historischen Studien. Sein Hang zu Melancholie und Depression verstärkt sich.

1852 Juni: Meyer weist sich selbst in die Nervenheilanstalt Préfargier (Kanton Neuenburg) ein, wo er eine religiös fundierte Therapie erfährt.

1853 März: Meyer geht nach Lausanne, wo Vulliemin ihm einen Lehrauftrag am Blindeninstitut vermittelt und schließlich dafür sorgt, dass er zum Sekretär der Allgemeinen Geschichtforschenden Gesellschaft der Schweiz ernannt wird. – 31.12.: Rückkehr nach Zürich.

1854–56 Zwischen 1854 und 1856 schreibt Meyer die autobiografisch motivierte Novelle *Clara*, die er jedoch nicht zur Veröffentlichung anbietet. – 1855 erscheint anonym seine Übersetzung der *Récits des Temps Mérovingiens* (dt. *Erzählungen aus den merowingischen Zeiten*) des französischen Historikers Augustin Thierry (1795–1856), ein Auftrag, der ihm von Vulliemin vermittelt worden war.

1856 28.9.: In dem Wahn, den Tod des ihr anvertrauten Pflegekindes, des geistig behinderten Antonin Mallet, verschuldet zu haben, begeht Meyers Mutter Selbstmord. – Das von Mallet hinterlassene Vermögen ermöglicht Meyer und seiner Schwester in der Folgezeit ein von finanziellen Sorgen freies Leben und zahlreiche gemeinsame Reisen.

1857 März bis Juni: Meyer reist allein nach Paris (vgl. Kommentar, S. 137). – Juli: Aufenthalt mit seiner Schwester in Engelberg (Kanton Obwalden). – Oktober: Reise nach München. – Wiederum anonym erscheint Meyers Übersetzung von François Pierre Guillaume Guizots (1787–1874) *L'amour dans le mariage* (dt. *Lady Russell. Eine geschichtliche Studie von Guizot*).

1858 März bis Juni: Reise mit Betsy nach Italien, u. a. Rom, Florenz und Siena. – September: Aufenthalt in Engelberg. – Meyer bemüht sich um eine Habilitation in französischer Sprache und Literatur am Polytechnikum Lausanne, wird jedoch abgelehnt.

1859 Sommeraufenthalt mit Betsy in Engelberg

1860 März: Längerer Aufenthalt in Lausanne. – Eine erste Gedichtsammlung Meyers – *Bilder und Balladen von Ulrich Meister* – findet keinen Verleger.

1861 Januar: Rückkehr nach Zürich. – Zwanzig Gedichte, die Meyer an das Stuttgarter *Morgenblatt* schickt, werden abgelehnt.

1862 Sommer: Arbeit an dem Versepos *Engelberg*

1864 Juli: *Zwanzig Balladen von einem Schweizer* erscheint anonym im Metzler-Verlag Stuttgart. Betsy Meyer war mit einem Empfehlungsschreiben des schwäbischen Schriftstellers Gustav Pfizer (1807–1890) dort vorstellig geworden. Der Gedichtband bleibt jedoch weitgehend unbeachtet. – November: Reise nach Genf und Lausanne.

1865 Sommer: Bekanntschaft mit dem Leipziger Verleger Hermann Haessel (1819–1901). Haessel verlegt Meyers Übersetzung des Bandes *Le père céleste* (dt. *Der himmlische Vater. Sieben Reden*) des französischen Philosophen Ernest Naville (1816–1909), in dem erstmals der Doppelname Conrad Ferdinand genannt wird. Meyer hatte sich dafür entschieden, um eine Verwechslung mit einem anderen Zürcher Dichter namens Konrad Meyer zu vermeiden. 1877 wird ihm der Name auch amtlich bewilligt. – Im Juli und Oktober erscheinen acht Gedichte Meyers im renommierten *Morgenblatt für gebildete Leser* der Cotta'schen Verlagsbuchhandlung (Stuttgart/Tübingen).

1866 Juli bis Oktober: Ausgedehnte Reisen durch die Schweiz, bei denen Meyer u. a. Recherchen für einen Text über den protestantischen Glaubenskämpfer Jürg Jenatsch (1596–1639) anstellt.

1867 April: *Balladen von Conrad Ferdinand Meyer* erscheint bei Haessel in Leipzig. Es handelt sich dabei um die Restauflage der *Zwanzig Balladen* von 1864, die Haessel aufgekauft und umgetitelt hatte. – Juli bis Oktober: Aufenthalt in Silvaplana (Oberengadin). Arbeit am *Jenatsch*-Manuskript.

1868 April: Die Geschwister ziehen in den »Seehof« nach Küsnacht am Zürichsee um. – Studium der historischen Quellen zum *Amulett*.

1869 Sommer: Meyer lernt François Wille (1811–1896) kennen, der in Obermeilen am Zürichsee lebt und Gastgeber eines literarisch-politischen Salons ist, dem einflussreiche Exildeutsche wie Georg Herwegh, Gottfried Kinkel, Theodor Mommsen angehören. – Dezember: Der Gedichtband *Romanzen und Bilder* erscheint bei Haessel.

1870 Juni: Arbeit an dem Versepos *Huttens letzte Tage*. – Im Juli bricht der Deutsch-Französische Krieg aus. Meyer sympathisiert mit der deutschen Seite. Ende 1870 verfasst er ein antifranzösisches Gedicht, *Der deutsche Schmied*, das von zahlreichen Zeitungen veröffentlicht und sogar vertont wird. Gegenüber Freunden bekennt er, seine »französischen Sympathien« nur »schwer überwunden« zu haben, aber es habe »in Gottes Namen« sein müssen, um seinen Bekanntheitsgrad und damit die Chance auf einen literarischen Durchbruch zu erhöhen. – Ebenfalls im Juli beschließt das Erste Vatikanische Konzil unter Papst Pius IX. das Dogma der Unfehlbarkeit des Papstes und löst damit den Kulturkampf aus (vgl. Kommentar, S. 121 f.), von dem Meyers Werk nicht unbeeinflusst bleibt.

1871 Anfang Oktober: *Huttens letzte Tage. Eine Dichtung* erscheint bei Haessel und wird besonders in Deutschland begeistert aufgenommen. – November bis März 1872: Reise der Geschwister über München und Innsbruck nach Verona, im Dezember nach Venedig.

1872 Aufenthalt in Bologna. – März: Rückkehr nach Küsnacht. Umzug in den »Seehof« nach Meilen am rechten Zürichseeufer. – August: *Engelberg. Eine Dichtung* erscheint bei Haessel.

1873 Mai: Plan zur Novelle *Der Schuß von der Kanzel*. – Mitte August bis Ende September: Alpenreise. Arbeit am *Jenatsch*. – September: *Das Amulet. Eine Novelle* erscheint bei Haessel.

1874 Juli bis Dezember: Der Roman *Jürg Jenatsch* erscheint (u. d. T. *Georg Jenatsch*) in der Wochenzeitschrift *Die Literatur*.

1875 Mai: Arbeit an der Novelle *Der Heilige*. – 13.7.: Verlobung mit Louise Ziegler (1837–1915), der Tochter des Zürcher Bürgermeisters Eduard Ziegler (1800–1882). Hochzeit am 5.10. Hochzeitsreise nach Südfrankreich und Korsika.

1876 8.2.: Rückkehr nach Küsnacht. Die Eheleute Meyer ziehen in ein von Betsy eingerichtetes Landhaus. – September: *Jürg Jenatsch* erscheint bei Haessel.

1877 Januar: Ankauf eines Landhauses in Kilchberg, in dem Meyer bis zu seinem Lebensende wohnen wird. – Bekanntschaft mit Adolf Frey (1855–1920), den Meyer zu seinem Biografen bestimmt. – Dezember: *Der Schuß von der Kanzel* erscheint im *Zürcher Taschenbuch auf das Jahr 1878*.

1879 Herbst: Fritz Meyer (1847–1924), ein Vetter des Autors, wird als dessen Sekretär angestellt und löst damit Betsy ab. – November: *Der Heilige* erscheint in der *Deutschen Rundschau* (bis Januar 1880). – 4.12.: Geburt der Tochter Camilla († 1936).

1880 Januar: Ehrendoktorwürde der Philosophischen Fakultät der Universität Zürich. – Februar: Plan zu *Die Hochzeit des Mönchs*, zunächst noch als Drama. – April: *Der Heilige* erscheint bei Haessel. – Oktober: Reise nach Nürnberg, Dresden, Berlin und Leipzig. – Dezember: Arbeit an der Novelle *Plautus im Nonnenkloster*.

1881 November: *Plautus im Nonnenkloster* erscheint (u. d. T. *Das Brigittchen von Trogen*) in der *Deutschen Rundschau*. Plan für die Novelle *Die Richterin*.

1882 Oktober: Die erste Gesamtausgabe der *Gedichte* erscheint bei Haessel. Die Novelle *Gustav Adolf's Page* erscheint in der *Deutschen Rundschau*. – November: *Kleine Novellen* erscheint bei Haessel in vier Bänden: *Das Amulet*; *Der Schuß von der Kanzel*; *Plautus im Nonnenkloster* (zugl. erste Buchausgabe); *Gustav Adolf's Page* (zugl. erste Buchausgabe).

1883 September: Die Novelle *Das Leiden eines Knaben* erscheint (u. d. T. *Julian Boufflers. Das Leiden eines Kindes*) in *Schorers Familienblatt* und im November als Buch bei Haessel. – Dezember: *Die Hochzeit des Mönchs* erscheint in der *Deutschen Rundschau* (bis Januar 1884).

1884 Oktober: *Die Hochzeit des Mönchs* erscheint bei Haessel.

1885 Mit Anton Reitlers Buch *Conrad Ferdinand Meyer. Eine litterarische Skizze zu des Dichters 60. Geburtstage* erscheint die erste selbständige Publikation über Meyer. – Dezember: *Die Richterin* erscheint bei Haessel.

1886 Sommer: Arbeit an der Novelle *Die Versuchung des Pescara*.

1887 Oktober bis November: *Die Versuchung des Pescara* erscheint in der *Deutschen Rundschau* und als Buch bei Haessel. – Dezember: Meyer leidet an einer Halsentzündung, die zu Atemnot und Erstickungsängsten führt und sehr lange anhält.

1888 Juli bis September: Aufenthalt beim Schwager auf Schloss Steinegg bei Frauenfeld im Kanton Thurgau, der jedoch kaum Besserung bringt. – Dezember: Verleihung des Maximiliansordens durch Prinzregent Luitpold von Bayern.

1890 Arbeit an der Novelle *Angela Borgia*

1891 Mai: Kaiser Wilhelm II. legt ein Veto gegen die Nominierung des Nichtdeutschen Meyer für den Schiller-Preis ein. – Juli bis August: Aufenthalt auf Schloss Steinegg. Meyer zeigt starke Ermüdungserscheinungen; hinzu kommt ein Augenleiden. – Oktober und November: *Angela Borgia* erscheint in der *Deutschen Rundschau* und im Dezember als Buch bei Haessel.

1892 7.7.: Nach einem Nervenzusammenbruch wird Meyer in die Kantonale Heil- und Pflegeanstalt Königsfelden (Kanton Aargau) eingewiesen. Die Diagnose lautet auf Altersdemenz. Ab dem 27.9.1893 nimmt Louise Meyer ihren Mann in private Pflege.

1898 Am 28.11. stirbt Conrad Ferdinand Meyer in seinem Haus in Kilchberg an einem Herzinfarkt und wird am 1.12. auf dem örtlichen Friedhof beigesetzt.

Historischer Hintergrund

Als Konfessionelles Zeitalter wird eine Periode der europäischen Geschichte bezeichnet, die ca. 1525 mit der Verbreitung der Theologie Martin Luthers (1483–1546) einsetzte und mit dem Ende des Dreißigjährigen Krieges im Jahr 1648, dem Westfälischen Frieden, als abgeschlossen gilt. Im Zentrum der neuen, die Lehrautorität und -traditionen der bisherigen Kirche in Frage stellenden Glaubensrichtung stand die Aufforderung an den Einzelnen, sich selbst mit der Bibel als der »alleinige[n] Quelle des theologischen Denkens« (Bickle, S. 65) auseinanderzusetzen. Luthers Übersetzung der Bibel ins Deutsche entzog sie der Deutungshoheit durch Geistliche, eröffnete Spielräume für individuell geprägte religiöse Erfahrungen und definierte so das Verhältnis von Gott zum einzelnen Menschen neu. (Für einen Überblick zu Luthers Theologie vgl. Schwarz, RGG, Sp. 573–588, u. Bickle, S. 65–68.)

Konfessionelles Zeitalter

Den Prozess der Konfessionalisierung, d. h. die Entstehung verschiedener Glaubensrichtungen aus einer vormals einheitlichen Kirche, hat der Historiker Ernst Walter Zeeden bezeichnet als »die geistige und organisatorische Verfestigung der seit der Glaubensspaltung auseinanderstrebenden verschiedenen christlichen Bekenntnisse zu einem halbwegs stabilen Kirchentum nach Dogma, Verfassung und religiös-sittlicher Lebensform« (Zeeden, S. 69). Dabei berührte die Bildung unterschiedlicher Konfessionen im 16. und 17. Jahrhundert nahezu alle Lebensbereiche: die Hoch- und Alltagskultur, die Literatur (durch die Bibel-Übersetzung Luthers insbesondere die deutsche Schriftsprache), das Recht, den Handel, die Wissenschaft und natürlich auch die Politik. Für die Menschen bildeten die Glaubensrichtungen des Katholizismus, des Protestantismus und Calvinismus »maßgebliche Ordnungs- und Integrationsmomente« (Kaufmann, Sp. 1550). Ihre Bedeutung war nicht auf bestimmte soziale Gruppierungen oder Schichten beschränkt. Im Gegenteil: Gelehrte und Analphabeten, Bauern und Regenten waren geeint durch den Glauben an die Existenz Gottes, an das Vorhandensein der Hölle und an ein ewiges Leben nach dem Tod. Durch die

Konfessionen wurde ihnen jedoch »der Weg zur Gnade Gottes« (Klueting, S. 19) unterschiedlich bestimmt.

Politische Interessen, Ziele und Ambitionen

Bedeutsam ist, auch für das Verständnis von Meyers Novelle *Das Amulett*, dass die Konfessionsbildung und die sich anschließenden Glaubenskriege eng verknüpft waren mit politischen Interessen, Zielen und Ambitionen. Die Bereiche von Kirche und Staat bzw. Politik und Religion waren – anders als heute in den westlichen, säkularisierten Gesellschaften – noch nicht getrennt: »So mußte, wer als Fürst machtpolitische Ziele verfolgte, Konfessionspolitik betreiben, ganz so wie konfessionelle Ziele auf machtpolitischem Wege erreichbar waren.« (Klueting, S. 19) Die Politik bediente sich des Glaubens und umgekehrt, und Religion war keineswegs ausschließlich Sache der Theologen. Dies schloss natürlich auch politisch motivierte Konvertierungen, also den gezielten Wechsel von einer Konfession zur anderen, nicht aus. Die sich über Jahrzehnte hinziehenden Glaubenskriege erklären sich jedoch auch aus der Unfähigkeit, Andersgläubigkeit zu tolerieren, geschweige denn zu akzeptieren und die Angehörigen anderer Konfessionen nicht als Häretiker (d.h. Ketzer, Kirchengegner) vorzuverurteilen. Aus einem falsch verstandenen Wahrheitsanspruch des eigenen Glaubens resultierte so der Wille, die vermeintlichen Feinde Gottes unbarmherzig zu bekämpfen.

Die Bezeichnung Hugenotten

Die Bezeichnung Hugenotten, wie sie auch im *Amulett* verwendet wird, war um 1560 ein gebräuchlicher Spottname für französische Protestanten, den diese allerdings rasch für sich in eine Art Ehrentitel umdeuteten. Zu ihm gibt es verschiedene etymologische Erklärungsversuche, wobei der Genfer Begriff »eyguenot« (dt. »Eidgenosse«) als wahrscheinlichste Wurzel gilt (vgl. Dubief, TRE, S. 618). Die reformatorische Bewegung fasste in Frankreich ab 1535 Fuß, geprägt und beeinflusst durch den hauptsächlich in Genf wirkenden Prediger Johannes Calvin (1509–1564). Während die Gemeinden sich zunächst im Untergrund organisierten und nur lose miteinander verbunden waren, festigen sich die Strukturen zur Mitte des Jahrhunderts zusehends, bis 1559 im Rahmen einer ersten Nationalsynode in Paris eine Kirchenordnung zustande kam (vgl. Dingel et al., RGG, Sp. 1925). Insgesamt prägte Calvin die Reformation nach Luthers

Johannes Calvin

Tod entscheidend und entwickelte sie weiter. Seine Theologie lässt sich *in summa* aus der letzten Ausgabe seines Buches *Institutio christianae religionis* (dt. *Unterricht in der christlichen Religion*) von 1559 ablesen (vgl. den ausführlichen Kommentar in Gerrish, RGG, Sp. 23–30).

Trotz einiger Versuche der Versöhnung, etwa dem 1561 von Katharina von Medici (1519–1589) durch ihren Kanzler Michel de L'Hospital (1505–1573) initiierten Religionsgespräch von Poissy, wurden die Protestanten, die in Frankreich maximal ein Drittel der Bevölkerung ausmachten, als religiöse Minderheit verfolgt. Ihre blutigen Konsequenzen zeitigte diese Verfolgung in acht Religionskriegen, die zwischen 1562 und 1598 stattfanden. Zweifellos war die sog. Bartholomäusnacht vom 23. auf den 24. 8. 1572, der Massenmord an den Hugenotten in Paris, ein grausamer Kulminationspunkt in der gewaltsamen Verfolgung des Protestantismus. In der Literatur wird sie auch als Pariser Bluthochzeit bezeichnet, was auf die Feierlichkeiten zur Eheschließung des protestantischen Fürsten Heinrich von Navarra (1553–1610) mit der Schwester des Königs Karl IX. (1550–1574), Margarete von Valois (1553–1615), einige Tage zuvor anspielt. Aus diesem Anlass hielten sich zahlreiche hugenottische Adelige und Militärführer in der Stadt auf.

Religiöse Minderheit der Protestanten

Pariser Bluthochzeit

Den eigentlichen Beweggrund zur Bartholomäusnacht bot der zunächst missglückte Versuch, den hugenottischen Admiral Gaspard de Coligny (1519–1572) zu ermorden. Nach Ansicht der Königsmutter Katharina von Medici, die das Attentat in Auftrag gegeben haben soll, beanspruchte Coligny zu viel Macht und hatte einen zu weit reichenden Einfluss auf den König, der somit unterbunden werden sollte. Da ihre Involvierung aufgedeckt zu werden drohte, setzte sie einen vermutlich schon länger von den katholischen Fürsten aus dem Hause Guise entworfenen Plan um, Coligny und seine Glaubensbrüder zu ermorden. Dafür nötigte sie auch ihrem Sohn, dem König, die Zustimmung ab. Während der Bartholomäusnacht kamen in der Stadt, nach recht unterschiedlichen Schätzungen, zwischen 2 000 und 4 000 Menschen und in den folgenden Tagen und Wochen in den Provinzen zwischen 4 000 und 20 000 Menschen ums Leben. (Zu den historischen Hintergründen vgl. den Text von Peter de Men-

Beweggrund zur Bartholomäusnacht

delssohn im Anhang, S. 91; sowie insgesamt Dubief, TRE, S. 618–629; Dingel et al., RGG, Sp. 1142 f.; Klueting, S. 13–30 u. S. 233–247; und das *Lexikon der Reformationszeit*, Sp. 59 f.)

»Etwas Derartiges wünschte ich mir vorbestimmt« – so artikulieren sich die jugendlichen Bewunderungsfantasien des Ich-Erzählers Schadau für den hugenottischen Admiral Coligny, dessen Bruder Dandelot und insbesondere seine »weltkundige stolze Brautfahrt« vorbei an den katholischen Feinden (S. 18.26). Im *Amulett* ist dies der erste Hinweis auf die Prädestinationslehre, mit der Calvin sich in seiner Theologie weit grundsätzlicher beschäftigt hat als andere Reformatoren, etwa Luther oder Ulrich Zwingli (1484–1531). Sie besagt, dass der Mensch im Hinblick auf sein Heil oder Unheil durch Gott bereits von Geburt an festgelegt ist, und zwar ohne dass er dies durch sein Handeln noch beeinflussen könnte. Gott entscheidet souverän und unerforschlich. Ein neutestamentlicher Referenztext findet sich im Brief des Apostels Paulus an die Römer: »Wir wissen, daß Gott bei denen, die ihn lieben, alles zum Guten führt, bei denen, die nach seinem ewigen Plan berufen sind; denn alle, die er im voraus erkannt hat, hat er auch im voraus dazu bestimmt, an Wesen und Gestalt seines Sohnes teilzuhaben, damit dieser der Erstgeborene von vielen Brüdern sei. Die aber, die er vorausbestimmt hat, hat er auch berufen, und die er berufen hat, hat er auch gerecht gemacht; die er aber gerecht gemacht hat, die hat er auch verherrlicht.« (Röm 8,28–30) Von Gott erwählt und berufen zu sein, diese Gewissheit sollte den frühchristlichen Gemeindemitgliedern Mut zusprechen und sie zu weiterem Einsatz auffordern.

Prädestinationslehre

Bei Calvin scheinen die Entscheidungen Gottes sich jedoch zu verdunkeln und zu verrätseln: Einzelne erwählte Menschen werden hervorgehoben, andere nichterwählte ausgeschlossen. So bezeichnet er die Prädestination in der *Institutio* als »das ewige Dekret Gottes, wodurch er bei sich beschlossen hat, was nach seinem Willen aus jedem Menschen werden soll. Denn nicht alle werden mit der gleichen Bestimmung geschaffen, sondern den einen ist das ewige Leben, den anderen die ewige Verdammung im voraus zugeordnet« (zit. n. Mayer et al., LThK, Sp. 470).

Religiöses Streitgespräch im *Amulett*

An diesem Punkt entzündet sich auch das religiöse Streitgespräch im *Amulett*. Boccard zitiert den calvinistischen Satz, »daß eh' es Gutes oder Böses getan hat, das Kind schon in der Wiege zur ewigen Seligkeit bestimmt oder der Hölle verfallen sei« (S. 24.33), und ist erschüttert über die ebenso grausame wie anscheinend widersinnige Machtlosigkeit des Einzelnen, die darin zum Ausdruck kommt. »Glaubt Ihr an die zehn Gebote? [...] Also Gott befiehlt diesem Calvinisten: Tue das! Unterlasse jenes! Ist solches Gebot nun nicht eitel böses Blendwerk, wenn der Mann zum voraus bestimmt ist, das Gute nicht tun zu können und das Böse tun zu müssen?« (S. 25.32–26.4) Die Prädestinationslehre wirft in der Tat einige Fragen auf, die für das menschliche Dasein zentral und unumgänglich sind: Gibt es eine Willensfreiheit? Existiert, trotz der universellen Vorherbestimmung, eine göttliche Gnade? Unter welchen Vorgaben entscheidet Gott über das Schicksal des Individuums im Voraus? (Vgl. dazu insgesamt Röhser und Link, RGG.)

Meyer hat seine Novelle in einer für die europäische Geschichte richtungweisenden Zeit positioniert. Im Kontrast zu den Konfessionskämpfen begann sich in ihr nämlich auch langsam ein modernes, nicht mehr von den Religionen abhängiges Staats- und Regierungswesen herauszubilden. Harm Klueting argumentiert, dass paradoxerweise gerade das Vorhandensein verschiedener Glaubensrichtungen dazu beitrug, die moderne Welt zu schaffen: Es enthielt »den Keim der Säkularisierung, indem durch das Nebeneinander und durch die Konkurrenz der Konfessionen die Glaubensaussage relativiert und durch die Politisierung und Militarisierung der konfessionellen Gegensätze – und durch teilweise wiederholte Konfessionswechsel in den deutschen Territorien – das religiöse Anliegen diskreditiert wurde« (Klueting, S. 29).

Künstlerische Auseinandersetzungen mit dem Thema der Bartholomäusnacht

Neben Meyers Novelle und Prosper Mérimées (1803–1870) Roman *Chronique du règne de Charles IX.* (1829; dt.: *Die Bartholomäusnacht*) gibt es weitere Texte unterschiedlicher Gattungen, die den Stoff der Bartholomäusnacht zum Thema haben. Die bekanntesten sind Johann Christoph Gottscheds (1700–1766) Tragödie *Die parisische Bluthochzeit König Heinrichs von Navarra* (1745) sowie der Roman *La Reine Margot* (dt. *Die Königin Margot*) von Alexandre Dumas dem Älteren (1802–

1870), erschienen 1845. Er diente als Grundlage für eine Verfilmung desselben Titels (dt. *Die Bartholomäusnacht*) aus dem Jahre 1994, bei dem Patrice Chéreau Regie führte und in dem Isabelle Adjani die katholische Margot, Tochter von Katharina von Medici, spielt. Der Film wurde für den Oscar nominiert und gewann zahlreiche Preise, etwa bei den Internationalen Filmfestspielen von Cannes. Auch Heinrich Mann (1871–1950) hat in seinem Roman *Die Jugend des Königs Henri Quatre* (1935) in einer längeren Sequenz die Ereignisse um die Ermordung der Hugenotten aufgenommen, die 2002 als eigenständige Publikation unter dem Titel *Margot. Die Bartholomäusnacht* erschien. Ein Welterfolg wurde die 1836 uraufgeführte Oper *Les Huguenots* von Giacomo Meyerbeer (1791–1864), entstanden in Zusammenarbeit mit den Librettisten Eugène Scribe (1791–1861) und Émile Deschamps (1791–1871).

Entstehungsgeschichte

Erste Auseinandersetzung mit dem historischen Stoff

Das Amulett ist nicht der einzige Text Meyers, der sich mit den Hugenotten und ihrem Schicksal in Frankreich auseinandersetzt. Der Autor hatte, so sein Biograf Frey, schon in der ersten Hälfte der 1860er Jahre Pläne entworfen für eine Novelle, die ebenfalls in der Zeit der Konfessionskämpfe angesiedelt war. Darin beabsichtigte er, »die Erlebnisse eines jungen Deutschschweizers darzustellen, der, etwas weltfremd und verträumt, in die schärfere Luft des welschen Wesens, in ein festeres, anfangs gefürchtetes, dann wohltätig empfundenes nationales Element hinein gelangt«. Dort begegnet er einem vornehmen, alten Calvinisten, »mild und fein, hindurchgegangen durch mancherlei Leid und Verfolgung« (Frey, S. 246 f.). Nach einigen Seiten bricht Meyer diesen Versuch jedoch ab, vermutlich unzufrieden mit der Gestaltung der Figuren und der Handlungsführung. Sicher ist, dass er schon seit seiner Jugend großes Interesse am Konfessionellen Zeitalter hegte, das sich durch Reisen und Aufenthalte in der protestantisch dominierten französischsprachigen Schweiz und in Frankreich vertiefte.

Konkret zurückverfolgen lässt sich die Entstehung des *Amuletts* in das Jahr 1868, als Meyer bei zwei Historikern aus Zürich und Lausanne Erkundigungen zur Literatur über die Bartholomäusnacht einzog. Seine Auseinandersetzung mit dem geschichtlichen Stoff war auch diesmal beeinflusst von der eigenen Persönlichkeit: »Die unbedachte Hitze, womit der junge Schadau gegen den Krämersohn aus Biel [Franz Godillard, vgl. S. 19] seine Überzeugung verficht, war in jungen Jahren seine eigene und hatte ihm manche Stunde vergällt.« (Frey, S. 254) Weiterhin hat Meyer in die literarischen Figuren einige Merkmale, Wesenszüge und Verhaltensweisen anderer, etwa seines eigenen Fechtmeisters, seines Freundes Conrad Nüscheler (Boccard) oder auch des Bruders seines Schwiegervaters, des Major Hans Ziegler (Renat), hineingespiegelt.

Autobiografischer Bezug

Bereits ein Jahr später wurde dem Leipziger Verleger Hermann Haessel von Betsy Meyer mitgeteilt, dass ihr Bruder an einer historischen Novelle arbeite, die bis Jahresende 1869 fertig gestellt sein sollte. Bis zur endgültigen Reinschrift und Abgabe des Textes vergingen allerdings weitere vier Jahre, da Meyer zunächst die Arbeit an den Versepen *Huttens letzte Tage* (1871) und *Engelberg* (1872) wieder aufnahm. Am 12.3.1873, als die Novelle fast abgeschlossen war, schrieb Betsy Meyer wiederum an den Verleger: »Die Erzählung ist wohl das Wärmste u. Fesselndste, – als Composition wohl auch das Vollendetste, was C.[onrad] noch schrieb.« Während des Frühsommers sah Meyer die Korrekturbögen gründlich durch, sodass das *Das Amulet* (zu Lebzeiten des Autors in dieser Schreibweise veröffentlicht) im August gedruckt und im September 1873 schließlich erscheinen konnte.

Fertigstellung der Novelle

Vier Faktoren bestimmten die Entstehung des *Amuletts* grundlegend: Erstens eine Reise nach Paris im Frühjahr 1857 (vgl. S. 137), zweitens Meyers ebenso intensive wie extensive Studien zur Geschichte Frankreichs im 16. Jahrhundert, drittens die Verwendung eines literarischen Textes, Prosper Mérimées Roman *Chronique du règne de Charles IX*, als eine Art Inspiration sowie viertens die bereits erwähnte Tatsache, dass er die Eigenschaften von Freunden, Bekannten und Verwandten als Vorbild für die Figuren der Novelle nutzte. Dabei hatte Meyer zunächst in Erwägung gezogen, seine Bewunderung für das Hugenottentum und insbesondere für Coligny in Form eines Dramas zu schreiben. »Aber gerade bei diesem Lieblingsstoffe«, schrieb die Schwester des Dichters am 2.2.1909 in einem Brief, »gelang es ihm am wenigsten sich kräftig zu konzentrieren und die Fülle des Details streng zu ordnen und zu beschränken, – so entstand aus vielen Studien und langer Liebesmühe zuletzt das kleine ›Amulett‹.«

Vier Faktoren der Entstehungsgeschichte

Neben einer Reihe historischer Studien und anderer narrativer Texte diente Mérimées 1829 erschienener Roman als Hauptquelle für das *Amulett*. Es ist bezeichnend, dass Meyer daraus einige Motive und Handlungselemente entlehnte, diese aber in anderen Zusammenhängen in seine Novelle einschrieb. Beide Texte schildern etwa einen Ritt nach Paris, eine für den Handlungsfortgang relevante Begegnung in einem Wirtshaus, eine Anstellung bei Admiral Coligny, ein Duell als spannungssteigerndes Moment (wobei die Herausforderung hier wie dort

Hauptquelle für *Das Amulett*

durch den technisch Unterlegenen erfolgt), die errettende Wirkung eines Amuletts im Kampf und auch den Anschlag auf den Hugenottenführer. In beiden Fällen wird die Polarität der Konfessionen und ihre mögliche Überwindung anhand der Konstellation der Hauptfiguren verdeutlicht: jeweils ein Katholik und ein Hugenotte, in dem französischen Text handelt es sich sogar um Brüder. Weitere Ähnlichkeiten sind das zentrale Thema des Religionskonflikts sowie der Gestus des Dokumentarischen, bei Mérimée durch den Titel noch ausgeprägter als bei Meyer. Dennoch gibt es auch grundlegende Unterschiede, darunter die Textlänge, die Erzähltechnik (übergeordnete Erzählsituation bei Mérimée) und – am deutlichsten – das Handlungsgefüge, von der unterschiedlichen Wahl der Schauplätze bis hin zu einer abweichenden Akzentuierung der Liebesgeschichte. Auch die Charakteristik der Figuren ist bei Meyer anders. Folglich kann nicht von einer unmittelbaren oder gar unkritischen Übernahme aus Mérimées Roman gesprochen werden, sondern eher »von einem gezielten, vielfach reflektierten Verfahren der Adaption bestimmter Ereignisse und Zusammenhänge« (Knapp, S. 30; vgl. dort auch die detaillierte Gegenüberstellung der beiden Texte).

Adaption bestimmter Ereignisse und Zusammenhänge

Erzählstruktur und Charaktere

Themen der Novelle

Im Mittelpunkt des *Amuletts* steht zweifellos der konfessionelle Konflikt. Es erzählt aber auch die Geschichte einer Reise, einer Freundschaft und einer Liebe. Dass die – nicht stattfindende – Entwicklung der Figur Schadau die Forschung so sehr beschäftigt hat, liegt nicht nur in der narrativen Konstruktion (Ich-Erzählsituation, Rückblick, Rechtfertigungsdiskurs) begründet. Entscheidend scheint auch, dass der ebenso idealistische wie letztlich naive Aufbruch eines jungen, aus der Provinz stammenden Schweizers in die Metropole Paris, wo er sich verliebt, an Motive erinnert, die zum typischen Inventar von Bildungsromanen zählen. Das Gefühl, sich in der Heimat kompromittiert zu haben, sodass »meines Bleibens daheim nicht länger sein konnte« (S. 18.2), veranlasst den Ich-Erzähler, in die Fremde zu ziehen. Mit der Bartholomäusnacht, den von Schadau erlittenen existenziellen Ängsten und dem Tod des Freundes Boccard ist ein – allerdings negativ konnotierter – Wendepunkt auf dem Lebens- und Erlebnisweg des Ich-Erzählers beschrieben. Gleichwohl weicht die Novelle auch vom Schema des Bildungsromans ab, indem der jugendliche Protagonist seinen Subjektivismus eben nicht überwindet oder kontextualisiert. Der Meyer-Biograf David A. Jackson bezeichnet sie deshalb als Antibildungsroman (vgl. Jackson, S. 79).

Antibildungsroman

Konfessioneller Antagonismus bei Boccard und Schadau…

Im *Amulett* wird dem Schicksal der fiktionalen Charaktere Boccard und Schadau durch die welthistorischen Ereignisse des 16. Jahrhunderts Kontur und Hintergrund verliehen und, mit den Worten des Autors, ein »Zusammenhang des kleinen Lebens mit dem Leben und Ringen der Menschheit« hergestellt (zit. n. Knapp, S. 68). Die Individualbiografien und das übergeordnete Geschehen stehen in einem Zusammenhang, der sich nicht auflösen lässt. Dabei konstruiert Meyer in der charakterlichen Verschiedenheit und mit den konfessionellen Auseinandersetzungen zwischen den beiden Schweizern einen Mikrokosmos, der den Makrokosmos des Konfessionellen Zeitalters abbildet, aber zugleich Lösungsmodelle für jene Zerwürfnisse aufzeigt, die durch den unterschiedlichen Glauben entstehen können.

Ebenfalls verkörpert ist der konfessionelle Antagonismus in den beiden nicht durch eine Freundschaft verbundenen Figuren Chatillon und Panigarola. Während Meyer den Franziskanermönch als einen »feurigen Redner« (S. 35.29) mit fanatischen Zügen darstellt, so gewandt, dass die Gesichter seiner Zuhörer einen »verzerrten und, wie mir schien, blutdürstigen Ausdruck« annahmen (S. 40.21–22), wird der Parlamentrat gezeichnet als Humanist und Mann der Aufklärung. Michael Andermatt stellt fest, dass Meyer mit dieser Gegenüberstellung, in der er u. a. detailgenau Mimik und Gestik beschreibt, die Unterschiede der beiden Konfessionen überdeutlich konstruiert: »Die Leitdifferenz bildet dabei die Gegenüberstellung von aufgeklärtem Humanismus und Barbarentum. Alle weiteren Differenzmerkmale lassen sich dieser Opposition subsumieren. Es sind neben dem Gesunden und Kranken das Friedliche und die Gewalt, das Disziplinierte und die Raserei, Geist und Sinnlichkeit sowie Wahrheit und Falschheit.« (Andermatt, S. 378) Der Autor selbst begreife die Figur des Chatillon und die von ihm vertretenen Werte als das Eigene, während er in Panigarola das Fremde sehe.

... Chatillon und Panigarola

Die erzählte Zeit lässt sich – mit Ausnahme der im Rahmen geschilderten Ereignisse und der biografischen Vorgeschichte Schadaus – auf Mai bis Mitte September 1572 datieren. Dabei verwendet Meyer sowohl die Technik der Zeitraffung, etwa bei Schadaus Ankunft in Paris (vgl. S. 31), als auch die der Zeitdehnung, am deutlichsten bei der Schilderung der Rettung Gaspardes (vgl. S. 73 ff.). In die ansonsten chronologisch aneinander anschließenden Erzählsequenzen sind fünf Einschübe aufgenommen, in denen Ereignisse referiert werden, die für den weiteren Verlauf relevant sind, nämlich die Heilung Boccards (vgl. S. 27), die politischen Ziele Colignys (vgl. S. 33 f.), die Herkunft Gaspardes (vgl. S. 37 f.), das Gespräch zwischen dem König, der Königsmutter und Heinrich von Anjou auf dem Balkon des Louvre (vgl. S. 68 f.) sowie Schadaus Traum, in dem die Fluss- und die Steingöttin auftreten (vgl. S. 70 f.). Ebenso kunstvoll wie diese Einblendungen sind die tragenden Motive in die Novelle eingewoben. Neben dem Hauptmotiv des Amuletts sind dies das Siegel und das Herz sowie, als Ergänzung dazu, personenbezogene Motive, etwa das der Langsamkeit und Unerfahrenheit

Erzählte Zeit

Tragende Motive der Novelle

(Schadau), der Wundergläubigkeit (Boccard) oder der Rätselhaftigkeit der Herkunft (Gasparde). Indem sie Vorausdeutungen vornehmen oder Erzähleinheiten miteinander verknüpfen, sind die Motive teilweise strukturgebend, sodass man von einem Netz »erzählerischer Verweis- und Integrationsmomente« sprechen kann (Knapp, S. 79). Fast alle sind im 4. Kapitel bereits eingeführt und werden danach wieder aufgenommen. (Für diese und weitere Informationen zur Erzähltechnik und Struktur allgemein vgl. Knapp, S. 66–82.)

Novellenrahmen

Der in Novellen häufig anzutreffende Rahmen, der eine fiktive Erzählsituation einleitet und sie ggf. abschließt, stellt nicht nur ein bedeutendes »kompositorisches Gebilde«, sondern auch eine »sinntragende und wertgebende Instanz« (Aust, S. 15) dar. In Form einer Rahmenerzählung, eines offenen Rahmens, eines Gesprächs- oder Einzelrahmens schafft er eine Distanz zwischen der Binnenerzählung, dem fiktiven, im Rahmen gelegentlich angesprochenen Adressaten sowie dem realen Rezipienten des Novellentextes. Wie im *Amulett* hat der Rahmen häufig die Funktion, dem Erzähltext Glaubwürdigkeit zu verleihen, indem er – allerdings fingierte – Quellen einführt und die Binnenhandlung somit als historisch verbürgt ausweisen möchte. *Vice versa* ist es für eine Interpretation wichtig, welches poetologische Konzept damit verfolgt wird, wenn Fakt und Fiktion bzw. beglaubigte historische Realität und fiktionale narrative Elemente in einem Spannungsverhältnis stehen: Wie sind Wahrheitsgehalt und Wirklichkeitsbezug der historischen Novelle? Wird ein geschichtliches Gegenbild erzeugt, werden gegenwärtige Zustände bestätigt oder kritisiert? Nicht zuletzt verweist der Rahmen auf den Ursprung allen Erzählens in mündlicher Überlieferung und auf die gesellschaftlichen Funktionen dieses Erzählens (z. B. die Rezeption als ein Gemeinschaftserlebnis oder die Tradierung von Geschichten in schriftlosen Kulturen).

Doppelter Rahmen

Die Erinnerungen Schadaus an das Jahr 1572 sind in einen doppelten Rahmen eingefasst: einerseits in die Vorbemerkung (vgl. S. 8), andererseits in die im ersten Kapitel thematisierte Begegnung mit dem alten Boccard. Sie bildet den eigentlichen Erzählimpuls.

Vorbemerkung

Die Vorbemerkung (Herausgeberfiktion), die auf einen bereits vorhandenen, schriftlich fixierten Text hindeutet, soll als

Hinweis auf die Authentizität der erzählten Ereignisse dienen. Scheinbar bestätigt wird dies durch die präzise Datierung auf den 14.3.1611 zu Beginn des ersten Kapitels sowie durch die zahlreichen weiteren Zeitangaben im Text. Meyer gibt damit – nahezu programmatisch – an, dass »historische Faktentreue im Verein mit realistischer Zeichnung der Personen« (Knapp, S. 63) den Novellentext prägen. Es bleibt allerdings offen, in welchem Verhältnis die Figur des (anonymen) Übersetzers zu Schadau steht und ebenso, wie sie in den Besitz seiner Aufzeichnungen gelangt ist.

Angebliche Übersetzung

Bedeutsam ist die Bemerkung, dass es sich um eine Übersetzung handelt, was mit der sprachlichen auch auf eine historische Distanz zur Erzählgegenwart hindeutet. Dennoch werden die Ereignisse immer noch als relevant empfunden, sie sollen bewahrt und weitergegeben werden. Auf der Ebene der Herausgeberfiktion ist der Text nicht nur sprachlich aktualisiert, sondern – wie alle Übersetzungen – auch inhaltlich umgeschichtet worden. Indem eine sprachliche Äußerung übersetzt, d. h. aus einem mehrdeutigen Zusammenhang nur eine Sinnebene ausgewählt und diese in einen weiteren, ebenfalls mehrdeutigen Kontext gestellt wird, ergibt sich stets eine inhaltliche Verschiebung. Die Übersetzerfigur im *Amulett* hat folglich ihre eigenen Wörter für die Ereignisse gefunden, Schadaus Bericht gleichsam bearbeitet und somit die Rolle eines übergeordneten Erzählers bzw. impliziten Autors eingenommen (vgl. Knapp, S. 62).

Übersetzerfigur

Aus dem Rahmen geht nicht nur die Erzählmotivation hervor. Er bestimmt auch klar die Distanz zwischen den Ereignissen des Jahres 1572 und ihrer Niederschrift: 38 Jahre, ein Zeitraum, der auch als Hinweis auf mögliche Verzerrungen in der Erinnerung bzw. eine Instabilität des Erinnerungsvermögens gelesen werden könnte. Gleichzeitig erklärt das Alter des erlebenden Ichs, 19 Jahre, zumindest in Teilen seine Weltunkundigkeit und sein kurzsichtiges Verhalten.

Distanz zwischen Ereignissen und Niederschrift

Der Rahmen verdeutlicht ebenfalls, dass die Binnenerzählung eine (Lebens-)Beichte des Erzählers ist. Schadau setzt »die Erinnerung der alten Dinge« (S. 11.4) so zu, dass er sich dazu entschließt, sie aufzuschreiben. Damit wird sowohl die Ich-Form als auch die mit ihr verbundene eingeschränkte Perspektive des

Binnenerzählung ist (Lebens-)Beichte

Perspektive des Erzählers

Erzählers legitimiert. Geschrieben aus dem Rückblick von mehr als einer Generation, stellt die Binnenerzählung erzählerisch Kohärenz her, schildert die Ereignisse in chronologischer Reihenfolge, eingeteilt in neun Abschnitte. Dabei ist der Ausgang der Novelle jedoch nicht der Erzählschluss, im Gegenteil, die letzten Ereignisse wurden in das erste Kapitel vorgezogen.

Kritik- und reflexionsloser Erzähler

Seiner eigenen Vergangenheit gegenüber bleibt der Ich-Erzähler erstaunlich kritik- und reflexionslos. Nur an wenigen Stellen kommentiert er aus einer übergeordneten Perspektive, zum Beispiel: »Jetzt da ich das längst Vergangene niederschreibe, sehe ich den Unseligen [den König] wieder mit den Augen des Geistes – und ich schaudere.« (S. 69.1–3]) Diese Passagen sind gekennzeichnet durch einen Tempuswechsel ins Präsens. Man kann die Binnenerzählung als einen strukturierenden Erklärungsversuch, aber auch als die therapeutische Verarbeitung (»mein Gemüt zu erleichtern«, S. 11.6–7) einer womöglich latent vorhandenen Erinnerung an den Tod Boccards verstehen. Die »Bilder der Vergangenheit« (S. 10.29–30), welche den Ich-Erzähler peinigen, werden während der Dämmerung durch Düfte hervorgerufen, was sich als Hinweis auf die Komplexität des Erinnerungsprozesses, aber auch dessen vorbewusste Bestandteile lesen lässt. Unmittelbar am Abend des 14. 3. 1611 beginnt der Ich-Erzähler mit der Niederschrift. Dennoch wird dieser Abschnitt im epischen Präteritum formuliert (»daß ich mit mir einig wurde, den ganzen Verlauf dieser wundersamen Geschichte schriftlich niederzulegen«, S. 11.4–6), was auf eine innere Distanz bzw. Distanzierung des Ich-Erzählers zu den Ereignissen schließen lässt.

Episches Präteritum

Rechtfertigungsdiskurs

Obwohl der Erzähler den Rückblick in seine Vergangenheit in einen Rechtfertigungsdiskurs stellt, empfindet er keine Reue angesichts des Schicksals seines Freundes Boccard (vgl. S. 11). Durch seine im Rahmen angedeutete Involvierung in dessen Tod wird allerdings ein Spannungsbogen aufgebaut, der sich erst am Ende des Textes auflöst (vgl. S. 11 u. 74 f.). Auf welche Weise, so fragt man sich, hat Schadau seinen Landsmann »in den Tod gezogen« (S. 10.35–11.1)? Und welcher Zusammenhang besteht zum Amulett? Diese Fragen begleiten die Rezipienten bis zum Erzählschluss. Weitere, etwa wie die beiden Erinnerungsgegenstände an seinen Sohn (»ein durchlöcherter Filzhut, den einst eine Kugel durchbohrt hatte, und ein großes rundes Medaillon von Silber mit dem Bilde der Muttergottes von Einsiedeln«; S. 10.5–8) in den Besitz des alten Boccard gelangen konnten, werden durch die Binnenerzählung allerdings nicht beantwortet.

Hans Zeller, einer der Herausgeber der historisch-kritischen Ausgabe der Werke Meyers, bestreitet, dass es sich bei dem ersten Kapitel überhaupt um einen Rahmen handelt. Er argumentiert, dass die Schilderung der Ereignisse aus dem Jahre 1572 keine Binnenerzählung darstelle, sondern nur eine »Rückwendung oder Vorzeithandlung« (Zeller, S. 283): »Die zehn Kapitel der Novelle bilden eine Erzählebene mit einer einzigen Erzählinstanz und einem einzigen Erzählakt.« (Zeller, S. 282). Ein Kontrast zwischen dem Rahmen und der Binnenhandlung sei, zumal mit Blick auf Schadau, dessen Bewusstseinszustand, innere Entwicklung und Vermögen zur Selbstkritik, nicht zu erkennen. Da ein erlebendes und ein erzählendes Ich vorhanden seien, liege eine autobiografische Erzählsituation vor, also eine »personale Identität von Held und Erzähler« (ebd., S. 283). Beim ersten Kapitel handle es sich, so Zeller, also weniger um das erzählerische Strukturmittel eines Rahmens als um eine Exposition.

Nur eine Erzählebene, eine Erzählinstanz, ein Erzählakt?

Exposition

Dass der Erzählrahmen einen Zeitraum von ca. 300 Jahren umspannt, ist als Hinweis auf »die geschichtliche Verstehens- und Darstellungsproblematik« (Kimpel, S. 112) des Gesamttextes zu lesen. Beide – sowohl der Übersetzer als auch das sich erinnernde Ich – können die Ereignisse des Jahres 1572 und die Handlungsmotivationen der Figuren »nurmehr im Erfahrungshorizont ihres gegenwärtig-aktuellen Verstehens zur Darstellung bringen« (ebd.). Für den Erzähler des Rahmens ist dies im Jahre 1611 die erst kurz zurückliegende Ermordung von Heinrich IV., der als französischer König – zum Katholizismus konvertiert – eine »Politik der Toleranz gegenüber allen christlichen Religionen« (Schultz, S. 186) vertrat. Versteht man das Jahr 1873, in dem die Novelle veröffentlicht wurde, als Zeitpunkt der fingierten Übersetzer- und Herausgeberschaft, so ist auch hier ein religions- bzw. kirchengeschichtlicher Hintergrund von Bedeutung: einerseits der so genannte Kulturkampf, das heißt die Auseinandersetzung zwischen (katholischer) Kirche und Staat, zum Beispiel

Historischer Hintergrund bei der Niederschrift der Novelle

um Herrschaftsansprüche über Bildung und Fragen der Eheschließung, andererseits der Ultramontanismus, eine im 19. Jahrhundert sehr einflussreiche katholische Bewegung, die zentral auf das römische Papsttum ausgerichtet war und sich gegen die »als entartet und kirchenfeindlich empfundene Moderne« stellte (Unterburger, Sp. 707). Hinzu kam der Aufstand der Pariser Commune zwischen März und Mai 1871, also kurz vor Niederschrift der Novelle, dessen Niederschlagung durch die Regierung ca. 30 000 Menschen das Leben kostete. Dieses Ereignis hinterließ bei Meyer »einen traumatischen Revolutionsschreck« (Jackson, S. 74). Ausgehend von den religiösen Konflikten des 16. Jahrhunderts finden im *Amulett* auf diese Weise »aktualisierte Verstehensfortschreibungen« (Kimpel, S. 113) statt.

Relevanz des Textes heute

Dass eine Auseinandersetzung zwischen zwei Konfessionen, deren Weltbilder beide einen absoluten Gültigkeitsanspruch behaupten, thematisiert wird, lässt *Das Amulett* auch heute als einen lesenswerten Text erscheinen. Dies gilt verstärkt, da die politischen Konflikte nach Ende des Kalten Krieges weniger auf politischen Ideologien beruhten als auf Auseinandersetzungen zwischen Kulturen, die als religiös wahrgenommen wurden und werden. Damit einher geht auch eine zunehmende Sensibilisierung für religiöse Symbolik. Damals wie heute bedeuten Bürgerkriege, in denen die Zivilbevölkerung als Kombattant und somit zugleich als Täter und Opfer auftritt, eine tief greifende Veränderung der Sozialstruktur.

Auseinandersetzung zw. Kulturen

Im Zusammenhang mit Meyers Novelle lassen sich folgende Fragen diskutieren: Welche Bedeutung hat die Idee eines ›rechten Glaubens‹? Gibt es ein Schicksal, das das Leben vorherbestimmt? Wenn ja, welche Freiheit des Handelns hat der Mensch in der Welt? Wie hängt das Handeln des Einzelnen von der Religions- oder Konfessionszugehörigkeit ab? Welche Rechtfertigungen, etwa für das eigene Handeln, ergeben sich daraus? Welchen Einfluss kann man auf den eigenen Lebensweg ausüben? Darunter lässt sich auch die Frage subsumieren, worauf Meyers Darstellung von Religionskonflikt und Bartholomäusnacht im 19. Jahrhundert eigentlich abzielte.

Spannungsfeld von Politik und Religion

Ferner greift die Novelle das Spannungsfeld von Politik und Religion auf. Sie zeigt, wie – auf einer allgemeinen Ebene – die Welterklärungsmodelle einzelner Konfessionen wirken und wie – sehr konkret – Massenmord als Instrument dafür dienen kann, machtpolitische, vom Glauben scheinbar legitimierte Interessen durchzusetzen. Ferner bezieht Meyer sich mit der Idee der Toleranz bzw. Intoleranz nicht nur auf zwei grundlegende Möglichkeiten menschlichen Verhaltens, sondern auch auf Motive der Literaturgeschichte, in deren Tradition andere bedeutsame Werke stehen, darunter etwa Lessings *Nathan der Weise*. Nicht zuletzt lässt sich die Frage nach der Literarisierung von Geschichte stellen: Wie wichtig ist es, historisch authentisch zu er-

Idee der Toleranz

Literarisierung von Geschichte

zählen, und welche Konkurrenz ergibt sich dadurch zu historiografischen Texten? Auf welche Art und Weise sollten in literarischen Texten, wenn überhaupt, Quellen und andere Prätexte erkennbar werden?

Lange Zeit waren die Novellen Meyers zweifellos Teil eines verbindlichen schulischen Lektürekanons und wurden somit als »unbestrittenes Bildungsgut« gesehen (Poppe, S. 121). Dennoch gibt es wenige Texte, die sich mit dem *Amulett* als Schullektüre auseinandersetzen – zumal solche, die modernen literaturdidaktischen Ansprüchen genügen. Dabei ist dieser Text für die Schule

Formale Gesichtspunkte

nicht nur unter formalen Gesichtspunkten interessant, etwa hinsichtlich des Genres der Novelle, der Epoche des bürgerlichen Realismus, der Stofftradition zur Bartholomäusnacht, der narrativen Technik oder Aspekten der Rezipientenlenkung, sondern

Inhaltliche Gesichtspunkte

auch inhaltlich: Meyer entfaltet darin »bedeutsame und für die Identitätsfindung der Jugendlichen hilfreiche Gedanken und Ansichten« (ebd.). Dazu zählen u. a. die Kritikfähigkeit gegenüber eigenen Anschauungen und Gedanken sowie denen anderer Menschen, das Vermögen, den Zusammenhang zwischen Glauben und Gewalt auf historischer wie tagesaktueller Ebene zu durchschauen, und nicht zuletzt die Weitsichtigkeit, den in die Novelle eingeschriebenen Appell zur Toleranz aufzunehmen, ihn weiterzudenken und in die Praxis umzusetzen.

Rezeptionsgeschichte

Erstpublikation

Das Amulett erschien Anfang September 1873 in einer Auflage von 750 Exemplaren. Meyers Verleger Hermann Haessel hatte schon im Vorfeld die Befürchtung geäußert, das schmale Bändchen werde sich nicht verkaufen, zumal anlässlich des 300. Jahrestages der Bartholomäusnacht im vorangegangenen Jahr bereits einige Veröffentlichungen zu dem Thema erschienen waren. Meyer hatte ihm daraufhin angeboten, sich an den Herstellungskosten zu beteiligen, da er davon ausging, dass zumindest in der Schweiz genügend Interesse vorhanden sei, und außerdem den Wunsch geäußert, die Novelle möge zuerst in einer Zeitschrift abgedruckt werden, worum Haessel sich jedoch erfolglos bemühte. Dass die Bedenken des Verlegers berechtigt waren, beweist die Tatsache, dass innerhalb eines Jahres nur 350 Exemplare verkauft werden konnten. Der Erlös deckte kaum mehr als die Druckkosten; eine zweite Auflage wurde erst fünf Jahre später, 1878, nötig. (Zur Überlieferungsgeschichte vgl. HKA, S. 224 ff., sowie Frey, S. 256 f. u. 412 ff.)

Irritation der Kritik

Wie Meyers Biograf Adolf Frey anmerkt, fand die Novelle »in der Schweiz sofort eine beträchtliche Schar, in Deutschland anfänglich sehr wenige Gönner« (Frey, S. 257). Für Irritation unter den Rezensenten sorgte offenbar die Vorbemerkung, die dem Text den Anschein historischer Authentizität verleihen sollte, teilweise jedoch nicht als Kunstgriff verstanden wurde. So schreibt etwa der Kritiker der *Neuen Freien Presse* am 13. 3. 1874: »Wie viele von den Tugenden dieser Novelle schon in jenen ›alten, vergilbten Aufzeichnungen‹ enthalten sind, die unser Dichter benützt zu haben vorgibt, und ob seine Arbeit nur wirklich darin besteht, sie ›in die Sprache unserer Zeit übertragen zu haben‹, das wissen wir allerdings nicht […]« (zit. n. Frey, S. 414 f.). Darin deutet sich bereits ein Kritikpunkt an, der die Rezeption des *Amuletts* bis weit ins 20. Jahrhundert hinein beeinflussen sollte – mit den Worten des Germanisten Harry Maync: »Ein Übermaß von historischen Daten, ein Zuviel an direktem Auftrag von Zeit und Lokalfarbe verdunkelt das Dichterische« (Maync, S. 144). Dieser Historismusvorwurf, wie hier

Historismusvorwurf

oft einhergehend mit der Feststellung mangelnder Kunstfertigkeit, verkennt durchweg die Durchkomponiertheit des Textes, die sich etwa im Einsatz von Leitmotiven, der psychologischen Figurenzeichnung und der Gestaltung des für die Erzählung zentralen Glaubensdiskurses zeigt.

Andere zeitgenössische Rezipienten sahen einen Vorzug der Novelle gerade in der kunstvollen Bewältigung des historischen Stoffes. Paul Wislicenus lobt in der Wochenzeitschrift *Die Litteratur* vom 14. 11. 1873 »[d]ie einfache, anmutige Sprache, die Reinheit der Charakterzeichnung, die Meisterschaft in der Komposition und die Sorgfalt der Motivierung, vor allem aber [den] prächtig versöhnende[n] Kontrast zwischen der Handlung und dem düsteren furchtbaren Hintergrunde der Hugenottenschlächterei in der Bartholomäusnacht« sowie die »Echtheit« des »historische[n] Kolorit[s]« (zit. n. Martin, S. 41). Auch Betty Paoli hebt in ihrer Rezension in der *Wiener Abendpost* vom 31. 3. 1874 das ausgewogene Verhältnis in der Darstellung von historischem Ereignis und fiktiver Handlung hervor: »Hier sehen wir das Allgemeine und das Persönliche sich gegenseitig bedingen und zu einem Zeitbild voll überzeugender Treue sich verschmelzen« (zit. n. Martin, S. 42). Eine »beispiellose Bewußtheit des Schaffens« attestiert daher auch Carl Spitteler, Meyer-Forscher der ersten Stunde, dem Autor der Novelle (in der *Schweizer Grenzpost* v. 25. 12. 1885): »Da ist kein Motiv, das nicht seinen bestimmten, genauen Zweck hätte, sei es nun ein Zweck der psychologischen Erklärung oder des Wahrscheinlichkeitsbeweises für den Verstand oder des malenden Reizes oder des historischen Kostüms oder was für einer sonst; immer ist ein Zweck nachzuweisen, und jede Einzelheit bedeutet mehr als sie selbst, nämlich zugleich ein Mittel« (zit. n. Knapp, S. 124).

C. Spitteler

Manchen Rezipienten gereichte allerdings gerade die »Bewusstheit« des Autors zum Vorwurf. »Dieses kleine Werk – welches viele Fakten, zu viele Fakten enthält! – ist sehr trocken, sehr grau, ganz ohne Glanz. Der Autor hat es offenbar auf eine bestimmte Wirkung abgesehen, die der künstlerischen Nüchternheit«, konstatiert Robert d'Harcourt 1913 in seiner Monografie *Conrad Ferdinand Meyer: Sa vie, son œuvre (1825–1898)*. Damit ist auch auf die Funktion der Vorbemerkung und der Rahmener-

Vorwurf der »künstlerischen Nüchternheit«

zählung angespielt, eine Distanz zwischen Autor und Text zu erzeugen, wie es Meyers Intention entsprach. D'Harcourt kommt zu dem Schluss: »Er [Meyer] ist über sein Ziel hinausgeschossen und sein Werk leidet in Wirklichkeit an einer Dürftigkeit.« (Zit. n. Martin, S. 45) Aus seiner Sicht behindert die historische Folie die ästhetische Wirkung der Novelle, ihre »Dürftigkeit« ist also Mangel an poetischer Gestaltung. Ähnlich äußert sich August Langmesser bereits 1905: *Das Amulett* hinterlasse bei ihm »in einzelnen Partien eher den Eindruck einer geistvollen Geschichtsstudie über die Bartholomäusnacht als den einer Novelle« (Langmesser, S. 278).

»Lehrlingsarbeit«

Aus dem Vorwurf, Meyer sei dem geschichtlichen Stoff als Dichter nicht gewachsen gewesen, hat sich über lange Zeit das Vorurteil verfestigt, sein Prosadebüt sei als Werk eines Anfängers zu bewerten. »Lehrlingsarbeit« nennt es etwa der Literaturwissenschaftler Walther Linden, selbst Herausgeber einer Meyer-Gesamtausgabe (zit. n. Knapp, S. 133), die Bezeichnung »Schwächen einer Anfängerarbeit« bzw. »Anfangs-Schwächen« wählen auch noch Alfred Zäch und Karl Fehr in ihren 1973 bzw. [2]1980 erschienenen Studien zu Leben und Werk des Autors (Zäch, S. 116; Fehr, S. 49). Dies verkennt zumindest teilweise Meyers langjährige Auseinandersetzung mit dem Stoff und sorgfältige wissenschaftliche Recherche (die etwa in seinen Hugenottengedichten zum Ausdruck kommt; vgl. die Auswahl im Anhang, S. 85 ff.), aber auch die Tatsache, dass der zum Zeitpunkt der Veröffentlichung 47-Jährige nicht nur bereits als Lyriker auf sich aufmerksam gemacht, sondern auch schon andere Prosaarbeiten begonnen hatte, bevor er sich der Abfassung des *Amuletts* zuwandte. Ungeübt oder unerfahren, wie man es Debütanten gerne unterstellt, war er also keineswegs.

Untersuchung der religiösen Aspekte der Novelle

Nach etlichen Versuchen, das *Amulett* auf autorbiografischer Basis zu deuten – so etwa 1925 von Robert Faesi, der in Schadaus Prädestinationsglauben eine verbrämte Darstellung von Meyers eigenem »Fatalismus« zu erkennen meint (zit. n. Knapp, S. 133) – oder, wie Leo Löwenthal 1971, daraus Rückschlüsse auf Meyers gesellschaftspolitische Ansichten abzuleiten, konzentrierte sich die germanistische Forschung insbesondere auf die religiösen Aspekte der Novelle und, daran anknüpfend, die

Konstitution des Erzählers und Protagonisten Schadau. Dass dieser im Verlauf der Novelle keine Entwicklung durchmacht, sondern »[a]uf der letzten Seite seines Lebensberichtes [...] genauso blind und borniert [ist] wie auf der ersten« (Jackson, S. 79), kann heute als wissenschaftlicher Konsens gelten. Statt von den offensichtlichen Widersprüchen zwischen Schadaus Schicksalsglauben und dem tatsächlichen Geschehen auf eine »Unentschiedenheit« des Autors »in Weltanschauungsfragen« zu schließen (vgl. Zäch, S. 113), belegen neuere Forschungen am Text selbst, »daß Meyers realistische Darstellung der religiösen und ideologischen Enge des 16. Jahrhunderts aktiv auf den Widerspruch seines Lesers hinarbeitet und somit den (freilich in der Erzählung ungenannten) Fluchtpunkt religiöser und humanitärer Toleranz im Sinne der Weltanschauung des ausgehenden 19. Jahrhunderts anvisiert« (Knapp, S. 135).

Hörspiel nach Motiven der Novelle

1997 sendete das Schweizer Radio DRS ein Hörspiel mit dem Titel *Gasparde*, das von dem Journalisten, Autor und Musiker Hans Peter Treichler verfasst wurde. Der Text basiert zwar auf der Novelle und übernimmt einzelne Dialoge aus ihr, legt die Betonung allerdings auf die Liebesgeschichte zwischen den Figuren Gasparde und Schadau sowie auf die im Text vereinzelt vorkommenden Motive aus Abenteuer- bzw. Mantel-und-Degen-Erzählungen (Kampfszenen, Abenteuerlust, Auseinandersetzung des Helden mit einem Widersacher, Zeitpunkt und Ort der Handlung im 16. Jahrhundert in Frankreich).

Forschungs- und Deutungsansätze

Mit Ausnahme einer Monografie ist die literaturwissenschaftliche Auseinandersetzung mit dem *Amulett* bisher ausschließlich in Form von Artikeln in Fachzeitschriften, Jahrbüchern, Festschriften oder Sammelbänden geführt worden. Zentral ist fast immer der Charakter Schadaus, insbesondere seine (fehlende) Entwicklungsfähigkeit: Wie beurteilt das erzählende Ich seine Handlungen als 19-Jähriger aus der Retrospektive? Durchaus umstritten ist auch, wie Katholizismus und Calvinismus jeweils dargestellt werden und ob der Text eine Lösung des Konfessionskonfliktes anbietet.

Angesichts der zahlreichen Publikationen, die in den gut 130 Jahren seit Veröffentlichung der Novelle erschienen sind, kann ein Überblick nur ausschnitthaft sein. Ein Schwerpunkt liegt dabei auf der Literatur der vergangenen 30 Jahre, in denen die Diskussion sich insbesondere im Hinblick auf die Entstehungsgeschichte, die Erzähltechnik und den Religionsdiskurs ausdifferenziert hat. In diesem Zeitraum wurden zahlreiche neue, zum Teil konträre Forschungsansätze vertreten.

A. Freys Biografie: Basistext für die Forschung

1900, zwei Jahre nach dem Tod des Autors, erschien das Buch *Conrad Ferdinand Meyer* von Adolf Frey, das Lebenslinien und -orte nachzeichnete und somit zu einem Basistext für die Forschung wurde. Zwar handelte es sich dabei nicht um eine Werkmonografie, dennoch wird zum *Amulett* die Skizze einer Entstehungsstufe gegeben, und es werden weitere Zusammenhänge der Textgenese erläutert, etwa die räumlichen Umstände des Hauses am Zürichsee, wo die Novelle geschrieben wurde. Obwohl Frey sich gelegentlich ins Anekdotische flüchtet, zeichnet er auch interessante Details zur Veröffentlichungsgeschichte und Rezeption nach. Dies gilt insbesondere für den Anhang, in dem einige längere Ausschnitte aus Rezensionen sowie eine Statistik zur Auflagenstärke zitiert werden.

Für die Rezeption der Biografie ist – im Hinblick auf die Aspekte Loyalitätsgebot, daraus resultierend möglicherweise Selbstzensur sowie Konkurrenz von persönlicher und öffentlicher Erinnerung – von Belang, dass es sich um eine Art Auftragsarbeit handelt: Meyer hat Frey selbst »in aller Form als denjenigen bezeichnet[], der sein Leben beschreiben sollte« (Frey, S. III). Gleichzeitig hatte Betsy Meyer wesentlichen Anteil daran, indem sie »mit ihren Erinnerungen und den von ihr aufbewahrten Papieren auf Schritt und Tritt unermüdlich Beirat und Handreichung« leistete (Frey, S. IV). Letztlich bleibt aber fraglich, ob die Schwester eine zuverlässige geschweige denn neutrale Quelle war. 1903 hat sie eigene Erinnerungen an ihren Bruder veröffentlicht.

H. Zellers u. A. Zächs Hist.-krit. Ausgabe

Die ausführlichsten und gleichzeitig präzisesten Angaben zur Textgenese finden sich in der von Hans Zeller und Alfred Zäch besorgten historisch-kritischen Ausgabe des *Amuletts*, zuerst erschienen 1959. Neben einer umfangreichen Übersicht zu den Quellen und historischen Studien, die Meyer als Grundlage gedient haben, werden auch die Lesarten, d.h. Angaben über die Abweichungen in der Textgestalt zwischen einzelnen Manuskriptversionen oder Drucken, verzeichnet. An zahlreichen Stellen wird auf Korrespondenzen des Autors verwiesen bzw. aus ihnen zitiert. Die 1998 in revidierter Auflage erschienene Edition ermöglicht darüber hinaus einen praxisnahen Einblick in die Werkstatt Meyers, der verdeutlicht, wie und unter Zuhilfenahme welcher anderen Texte (Prätexte) die Novelle entstanden ist und ihre endgültige Form gefunden hat. Es wird auch ausgelotet, welchen Einfluss Betsy Meyer als Sekretärin und Korrektorin bei der Textentstehung, -gestaltung und -überarbeitung hatte.

G. P. Knapp

Außerordentlich detailliert und präzise wird das *Amulett* (und mit ihm die Hugenotten-Gedichte Meyers) von Gerhard P. Knapp analysiert. Seine Monografie mit dem Untertitel *Historische Novellistik auf der Schwelle zur Moderne* (1985) hat einen nahezu klassischen Aufbau, indem sie erst die geschichtlichen und philosophischen Diskurse absteckt, die die Novelle umlagern, und dann auf Entstehung, formale Struktur, Charaktere, Wirkung und Rezeption eingeht, ergänzt um einige didaktische Anregungen. Das Buch ist der bis dato ausführlichste Beitrag, der – nah am Primärtext orientiert – auch längere interpretative Passagen enthält. Knapp stellt dabei deutlich heraus, dass der Ich-Erzähler Schadau zum Objekt einer ironischen Kritik wird: »Meyers vorrangige Intention ist ohne jeden Zweifel, religiöse Dogmatik und jede Art des Fanatismus bloßzustellen. Da er nun gerade einen religiösen Fanatiker zum Helden und Erzähler seiner Novelle erhebt, berechtigt dieser Umstand, von der durchgängigen Verwendung einer ironischen Erzählperspektive zu sprechen.« (Knapp, S. 82)

Obwohl Meyer im *Amulett* – weit umfassender als bei anderen Werken – auf eine Quelle zurückgegriffen hat, Mérimées *Chronique du règne de Charles IX*, waren für die Entstehung, so Walter Huber in *Stufen dichterischer Selbstdarstellung*, auch eigene Erlebnisse und Wünsche sowie Lebensumstände und biografische Konstellationen von Bedeutung. Sie wurden in die Novelle hineingespiegelt. Meyer habe sich etwa in der Figur des Hans Schadau selbst gezeichnet, »freilich nicht in einer photographischen, sondern in einer künstlerisch-phantasievollen und idealisierenden Weise« (Huber, S. 61). Idealisierungen bestünden zum Beispiel darin, dass alle Vorfahren Schadaus – im Gegensatz zu Meyers – eine militärische Laufbahn eingeschlagen hätten. Auch in Schadaus Heirat mit Gasparde und dem längeren Aufenthalt in Paris habe der Autor eigene, nicht mit allzu großer Entschlossenheit vorangetriebene Lebenspläne in seiner Literatur verwirklicht. Meyer könnte mit dem *Amulett* eine »nachträgliche Korrektur seiner Jugendzeit, die der Dichter nicht vor allem als schöne, positive Lebenszeit in Erinnerung hatte«, vorgenommen haben (Huber, S. 33). Insgesamt bleibt Hubers Zugang zur Novelle, der sich des Lebens des Autors unmittelbar bedient, teilweise spekulativ und grenzt an Biografismus. Zwar hat Meyer einzelne Charakterzüge von Freunden und Bekannten übernommen, die Schreibmotivationen lassen sich damit jedoch nicht hinreichend klären. Literatur gerät hier in Gefahr, als Projektionsfläche für – postum rekonstruierte – Lebenswünsche des Autors missverstanden und darauf reduziert zu werden.

W. Hubers Deutung der biografischen Konstellationen

Biografismus

Determination oder Freiheit – anhand dieser beiden Pole lassen sich, nach Karl Brehmer, das Verhalten und der Glaube von Schadau und Boccard bestimmen. Detailliert arbeitet er die Prämissen, die Thesen und Gegenthesen sowie die Schlussfolgerungen jener Argumente heraus, welche von beiden – als Stellvertreter für Calvinismus und Katholizismus – für ihren jeweiligen

K. Brehmer: Determination oder Freiheit

Glauben ins Feld geführt werden. Sind ihre Positionen widerspruchsfrei und gut begründet? Brehmer interessiert insbesondere, welcher Diskurse der Kritik an und Rechtfertigung für eine Religion sich die beiden »Kontrahenten« (Brehmer, S. 23) bedienen. Dabei rückt er die Prädestinationslehre ins Zentrum. Über den calvinistischen Schadau resümiert Brehmer: Die Begegnung mit unterschiedlichen Figuren wie Gasparde, Chatillon, Boccard und Panigarola bewirke, dass er sich von dem anfangs mit Unerbittlichkeit vertretenen Glauben an die Vorherbestimmtheit löse. Schadau entwickle die Überzeugung, »dass sich ein zu rechtfertigender Glaube auch durch die Dimension humanen Handelns, welches von Gefühlen der Toleranz, Freundschaft und Liebe getragen ist, auszeichnen muss« (ebd., S. 26). Die Gewissheit, dass alles Handeln vorherbestimmt ist, weiche der Einsicht, dass der Determinismus kein allumfassendes Erklärungsmodell bieten kann.

Ch. Laumont über die Formen und Funktionen der Allegorie bei Meyer …

Christof Laumont hat mit seiner Studie *Jeder Gedanke als sichtbare Gestalt*, die sich den Formen und Funktionen der Allegorie in Meyers Erzähltexten widmet, einige wesentliche Aspekte in die Forschung zum *Amulett* neu eingebracht bzw. präzisiert. So sieht er in der Novelle »Anhaltspunkte für eine Säkularisierung der Religionsthematik« (Laumont, S. 101). Konkretisiert wird dies anhand von Äußerungen Montaignes (vgl. S. 59 f.), der den Konflikt zwischen Hugenotten und Katholiken »unter dem Aspekt der ›Sitten eines Volkes‹ und des Sozialverhaltens betrachtet und mit den Kategorien der Mehrheitsmeinung, der sozialen Offenheit, des Nationalcharakters beurteilt« (Laumont, S. 113). Montaigne vertritt eine Position der Aufklärung, indem er den Religionskonflikt und die sich abzeichnende gewaltsame Eskalation nicht vorrangig als konfessionellen Streit sieht, sondern ihn auch auf Unterschiede in Kleidung, Lebenspraxis, Verhalten sowie Verschiedenheiten in der Selbst- und Außenwahrnehmung zurückführt. Er steht somit für eine differenziertere, wenn auch nicht wertfreie Betrachtung der Gegenwart ein – wodurch den Rezipienten erneut deutlich werde, wie beschränkt Schadaus Weltsicht demgegenüber ist.

… über die Funktion Montaignes in der Novelle …

… über die Bildlichkeit des Amuletts …

Umfassend setzt Laumont sich auch mit der Bildlichkeit des Amuletts, insbesondere seinen sich wandelnden Bedeutungsebenen auseinander. In der Novelle fungiert es als Symbol katholischen Wunderglaubens, als Erinnerungs- und Freundeszeichen, als ein die Handlung vorausdeutendes Element, als einfaches Kunstwerk, als lebensrettender Gegenstand sowie als stark emotionalisiertes privates Sinnbild (vgl. ebd., S. 102 ff.). Verknüpft wird diese »Subjektivierung und Verwandlung seiner Zeichenhaftigkeit« (ebd., S. 103) mit einer psychoanalytisch untermauerten Deutung des Textes. Laumont greift dazu auf Begriffe und Symbole der Freud'schen Triebtheorie zurück. Er argumentiert, dass Schadaus Pistole, mit der Boccard getötet wird, zu einem »phallischen Zeichen der für Boccard und damit die Männerfreundschaft tödlichen Leidenschaft Schadaus und Boccards [wird], zum Zeichen, das stärker ist als das Symbol der Freundestreue [das Amulett]« (ebd., S. 104).

… über die Beziehung zu Gasparde

Überhaupt werde die im Text nicht näher erhellte Beziehung zu Gasparde zu einer Triebfeder und damit einem Erklärungsansatz für das Verhalten des Schweizer Calvinisten: »Die in Schadaus Erinnerungserzählung so wichtig genommenen Geheimnisse um Gasparde [d. h. ihre Abstammung und Familienzugehörigkeit] scheinen ein ihm nicht bewusstes oder absichtlich erzählerisch umgangenes Geheimnis zu verdecken: das Rätsel der erotischen Anziehung, die Macht des Eros.« (ebd., S. 105) In diesem Sinne ist in *Amulett* auch die Geschichte einer Initiation eingeschrieben, eines Erwachens hin zur Liebe für den sich selbst als »schüchtern« (S. 18.15) charakterisierenden Ich-Erzähler.

A. Jäger über Erzählmotivation …

Im 19. Jahrhundert habe die Historiografie, so Andrea Jäger in *Die historischen Erzählungen von Conrad Ferdinand Meyer*, im Ablauf der Geschichte nach einem Ordnungsprinzip gesucht, nach einer höheren Ordnung, aus der sich auch Gewalt und das Leiden der Menschen erklären ließen. In dieser Idee sieht sie den zur damaligen Zeit »vorherrschenden Erzählanlass« (Jäger, S. 103). Einen Sinn in seiner eigenen Lebensgeschichte zu sehen, ihre Notwendigkeit und Unabänderlichkeit zu erkennen und aufzuzeigen, dies ist auch Schadaus Absicht. Aus ihr ergibt sich seine Erzählmotivation im Rahmen. In diesem Sinne sei Meyers Novelle deutlich mit »dem literarischen und historischen Erzählen des 19. Jahrhunderts« (ebd., S. 104) verknüpft.

Pointiert arbeitet Jäger auch heraus, wie die im *Amulett* geäußerte Kritik an Katholizismus *und* Calvinismus sowie der daraus abgeleitete Toleranzgedanke vom Autor selbst ironisiert wird. Verdeutlichen lasse sich dies an der von Chatillon vertretenen Position: Der Parlamentrat hält den konfessionellen Antagonismus für berechtigungslos und sagt, »daß ein Protestant sein Vaterland so glühend lieben, so mutig verteidigen und seinen Gesetzen so gehorsam sein kann als ein Katholik« (S. 23.19–21). Eingebettet ist diese auf Ausgleich und Verständnis ausgerichtete Haltung jedoch in ein alle und alles verbindendes Interesse an der Nation. Gerade ein entflammtes Nationalgefühl könne die Menschen einander annähern und ein Krieg gegen andere Länder den konfessionellen Konflikt überwinden. Jäger stellt dazu fest: »Der auswärtige Krieg soll den Bürgerkrieg vermeiden – dies ist das Paradoxon des Toleranzgedankens, der nicht die weltanschaulichen Gegensätze, wohl aber ihre für die Nation schädlichen Auswirkungen kritisiert.« (Jäger, S. 113)

... über Meyers Ironie

Gelenkt durch literaturwissenschaftliche Theorieansätze – darunter semiotische Figurenanalyse sowie offene und geschlossenen Figurenkonzeptionen –, wirft Hans Zeller einen Blick auf die Erzählstruktur der Novelle. Er argumentiert, dass Schadau sich aus der Retrospektive keinesfalls kritisch mit seinem Verhalten auseinandersetze, geschweige denn es bereue (wie dies beispielsweise in Form von Erzählerkommentaren hätte geschehen können). Es finde also keine genuine Entwicklung seines Charakters statt. Zeller plädiert dafür, sich nicht einer »naive[n] Lesart« (S. 288) anzuschließen, d. h. sich nicht die Weltsicht Schadaus als der sich erinnernden Figur zu eigen zu machen. Im Gegenteil, die in die Erzählung eingeschriebene Ironie stellten Schadau, sein Verhalten und seine Handlungsmotivationen geradezu bloß. Die Glaubwürdigkeit des Erzählers würde von ihm selbst untergraben.

H. Zeller über die Erzählstruktur der Novelle ...

Ferner nennt Zeller eine Reihe von Eigenschaften und Charakterzügen, die für eine Figurenanalyse gut zu verwenden sind: Hilfsbereitschaft, Herzlichkeit, Menschenfreundlichkeit, geistige Überlegenheit und Duldsamkeit einerseits, Fanatismus, Skeptizismus und Dogmatismus andererseits. Besonderes Gewicht verleiht er dem Gegensatz von Aktivität und Passivität: Je weniger die Figuren – wie Renat, Chatillon und Montaigne – in das

... und sein Beitrag zur Figurenanalyse

Geschehen eingriffen, desto besser sei ihre Einsicht in politische Zusammenhänge und Abläufe (vgl. Zeller, S. 291). Umgekehrt sei die Perspektive derjenigen eingeschränkt, die aktiv handelten. Ironisierend zugespitzt wird dieser Zusammenhang in der Figur des Schadau: Durch sein Duell mit dem Grafen Guiche löst er unbedacht die Bartholomäusnacht mit aus, während der er sich später jedoch in Schutzhaft befindet. Zellers Einschätzung wird von anderen Literaturwissenschaftlern geteilt. Sie sehen Schadau »als Repräsentant der bewußtlosen Objekte der Geschichte« (Laumont, S. 111) und sein Leben »als abhängige Variable von politischen und religiösen Auseinandersetzungen, die ihm vorausgesetzt sind und in deren Getriebe er gerät« (Jäger, S. 106).

Baumgärtel/
Hartlieb über
die Leserrolle

Aus dem Blickwinkel von Rezipienten deuten Bettina Baumgärtel und Gabriele Hartlieb in »*Applicatio* und Leserrolle« die Novelle. Sie kontrastieren die Rolle der Leserinnen und Leser bei der Bedeutungskonstruktion und Interpretation des *Amuletts* mit dem Verständnishorizont der fiktiven Figuren. Aus der Spezifik der Leserrolle, d.h. einem erweiterten geschichtlichen Erfahrungshorizont im Vergleich zu den Figuren, aber auch aus der Möglichkeit, den Text mehrmals zu lesen, ergeben sich bestimmte Deutungsmöglichkeiten. Dadurch, dass Schadau an die Vorherbestimmtheit seines Schicksals glaubt, an die Zwangsläufigkeit der eingetretenen und eintretenden Ereignisse, kann er sich nicht als ein eigenverantwortlich handelndes Subjekt sehen. Eher muss er aus den Ereignissen ableiten, wie seine persönliche Geschichte, die bereits vorgefertigt ist, weitergeht. Er kann »nur durch nachläufige Interpretation Rückschlüsse über Gottes Willen ziehen« (Baumgärtel/Hartlieb, S. 239). Das Verstehen hinkt dem Geschehen stets hinterher. Dabei ist Schadau nicht nur in seiner Geschichte gefangen, sondern als sich erinnerndes Ich auch in seinem Text – eine Perspektive, aus der der Rezipient sich lösen muss. Indem Leserinnen und Leser sich von dem eingeschränkten Standpunkt Schadaus emanzipieren, zwingt sie »das Erzählverfahren auch zu einer Einsicht in die innere Historizität und Bedingtheit des eigenen Verstehens« (ebd., S. 243). In diesem Sinne sei dem Text »eine tiefe Skepsis gegenüber der Sinnhaftigkeit der historischen Entwicklungen« eingeschrieben, ebenso wie er eindeutige Antworten auf die Frage nach dem Religionskonflikt verweigere (ebd., S. 241).

D. Kimpel über das »Kraftzentrum« Gewissen

Als Kraftzentrum der Geschichte stellt Dieter Kimpel in dem 2002 erschienenen Aufsatz »›Meine Gedanken verklagen und entschuldigen sich unter einander‹« das Gewissen dar. Ausgelotet wird es mit Blick auf die historische und persönliche Sinnhaftigkeit, wie sie sich aus der Binnenerzählung und ihrem Verhältnis zum Rahmen ableiten lässt. Von Gewissensnot getrieben, legt Schadau sich Rechenschaft ab, vermerkt aber gleichzeitig, dass er seine damaligen Taten nicht bereut (vgl. S. 10.28–11.7). Aus diesem Eingeständnis spreche »nicht die Verstocktheit des Herzens […], sondern die Not dessen, der, trotz wahrhafter Motive und wunderbarer Errettung, sich redlicherweise ebensowenig darüber hinwegtäuscht, daß seine individuelle Moral als schuldhaft gescheitert ist« (Kimpel, S. 122). Es bestehe für den Erzähler Schadau eine Grenz- und Gegensatzerfahrung zwischen den Motiven seines eigenen, guten Gewissens, dem Vorsatz, wieder so zu handeln, und den als schuldhaft erfahrenen Konsequenzen, wie sie in der Mitschuld an Boccards Tod sowie der als unwürdig wahrgenommenen Rettung durch das Amulett ihren Ausdruck finden.

Hugenotten-Gedichte

Über Jahrzehnte hinweg setzte sich Meyer, der streng protestantisch erzogen worden war, mit der Geschichte der Reformation und der Religionskriege auseinander. Seine Schwester Betsy berichtete später, ihr Bruder sei bei seinem Paris-Aufenthalt im Frühjahr 1857 »gewaltig und tief erfaßt [worden] von ›der sittlichen Macht des Hugenottentums‹« und habe sich »mit Feuer in die Geschichte des Admirals Coligny u. in dessen große Pläne und Kämpfe für ein mächtiges u. gerechtes Frankreich« vertieft: »[S]o entstand aus vielen Studien und langer Liebesmühe zuletzt das kleine ›Amulett‹. Viele einzelne Splitter aber verarbeitete er zu Gedichten« (Brief Betsy Meyers an Dora de Roche-Eidenbenz v. 2.2.1909, zit. n. HKA, S. 222).

Unmittelbar in die Entstehungszeit des *Amuletts* fallen die drei Gedichte »Das Weib des Admirals«, »Hugenottenlied« und »Die Karyatide« (s. Anhang, S. 85ff.), geschrieben im Sommer 1871. Sie können mit Recht als »lyrische Vorstufen« (Knapp, S. 42) bezeichnet werden, da sie einzelne Motive und Figuren der Novelle vorwegnehmen, wenn sie sich auch thematisch teilweise davon abheben. Auch wenn das balladeske Gedicht »Das Weib des Admirals« nicht auf die Bartholomäusnacht selbst Bezug nimmt, sondern auf eine frühere Episode aus den Religionskriegen (vgl. Erl. zu 85.4), bildet es mit seiner »erstaunliche[n] psychologische[n] Analyse der Figur« Coligny (Knapp, S. 53) geradezu eine Ergänzung zum siebten Kapitel des *Amuletts*. Die Steinfrau aus Schadaus Traum (S. 70f.) findet sich vorgebildet in »Die Karyatide«, wo zugleich ein Bogen zwischen der Bartholomäusnacht und dem Aufstand der Pariser Commune im Frühjahr 1871, der wohl als Entstehungsanlass angenommen werden kann, geschlagen wird. Abgesehen vom selben Handlungsort und der Tatsache, dass in beiden Fällen sinnlos Blut vergossen wurde, lässt sich allerdings keine Gemeinsamkeit zwischen diesen Ereignissen feststellen. Während im *Amulett* das grausame Vorgehen der Katholiken gegen die Hugenotten in der Bartholomäusnacht geschildert wird, rückt das »Hugenottenlied« die in den Religionskriegen verübten Verbrechen der Protestanten

»Das Weib des Admirals«

»Die Karyatide«

»Hugenottenlied«

an den Katholiken ins Blickfeld. Indem sich das lyrische Ich in seinem Handeln auf den »Schicksalsschluß« Gottes beruft und damit jegliche Eigenverantwortung von sich weist, wirkt das Gedicht wie ein zynischer Kommentar zur Prädestinationslehre Calvins.

»Die Füße im Feuer«

Aus demselben Stoffkreis stammen auch die Ballade »Die Füße im Feuer«, sicherlich einer der bekanntesten lyrischen Texte Meyers, und das Gedicht »Ein Pilgrim« (s. Anhang, S. 87 und 89). Erstere erschien in einer frühen Fassung bereits 1864 unter dem Titel »Der Hugenott« in seinem ersten Gedichtband, *Zwanzig Balladen von einem Schweizer*. Bis zur Neuveröffentlichung 1882 wurde sie allerdings entscheidend umgearbeitet. Ähnlich den meisten seiner Erzählungen weist auch dieses prosaisch gehaltene, ungereimte Gedicht einen Rahmen auf: Ein königlicher Kurier verbringt, von einem Unwetter dazu genötigt, die Nacht auf dem Schloss eines hugenottischen Adligen. Während seines Aufenthalts ruft ihm das Flackern des Kaminfeuers nach und nach zu Bewusstsein, dass er vor Jahren – das ist die Binnenhandlung – schon einmal dort gewesen ist: Auf der Suche nach eben jenem Adligen, offenbar in mörderischer Absicht, hatte er nur dessen Frau vorgefunden und erfolglos versucht, sie durch Folter dazu zu bewegen, ihm zu verraten, wo sich ihr Mann aufhielt. Dabei fließen Rahmen- und Binnenhandlung ineinander über, immer wieder zuckt die Erinnerung (in Form von erinnerter bzw. erlebter Rede) auf und verfolgt den Kurier bis in seine Träume (vgl. die Darstellung von Schadaus Traum in der Bartholomäusnacht, S. 70). Er ahnt, dass der Hausherr von seinen Kindern über seine Identität unterrichtet ist, diesen jedoch hält seine religiöse Überzeugung davon ab, Vergeltung zu üben, denn: »Mein ist die Rache, redet Gott.« Damit erweist sich der Diener des himmlischen gegenüber dem Diener des weltlichen Königs als überlegen. (Ausführliche Analysen zu diesem Gedicht finden sich etwa bei Pelster, S. 101–105, u. Knapp, S. 43 ff.)

»Ein Pilgrim«

Das Gedicht »Ein Pilgrim« (s. Anhang, S. 89) schließlich greift ein Motiv aus dem *Amulett* wieder auf, nämlich das des gläubigen Christen als »Pilger und Wandersmann«. »Pèlerin et Voyageur« lautet der Wahlspruch von Schadaus Onkel Renat (vgl. S. 65.5). Darin wie auch im genannten Gedicht kommt die

Überzeugung zum Ausdruck, dass das Leben eine ständige Reise hin zu einem bestimmten Ziel ist: Der »Pilger« strebt als Reisender in geistlicher Hinsicht nach Gott, der »Wandersmann« nach weltlicher Erfüllung. Daraus ergibt sich die Struktur des Gedichts: Jede Strophe thematisiert einen Lebensabschnitt: Jugend und Aufbruch ins Leben, Entdeckung und Genuss der persönlichen Freiheit, partnerschaftliche Bindung an einen anderen Menschen, schließlich Familiengründung und Sesshaftigkeit. Durch all diese Phasen begleitet das lyrische Ich die naive Äußerung eines fremden Kindes, er sei »ein Pilgerim und Wandersmann«, und wird – mal als selbstbewusster, mal als nachdenklicher oder klagender Ausruf – zu dessen Lebensmotto.

Literaturverzeichnis

Ausgaben

Meyer, Conrad Ferdinand: Das Amulett. Novelle. Stuttgart: Reclam, 2002

Meyer, Conrad Ferdinand: Sämtliche Werke. Historisch-kritische Ausgabe [HKA], besorgt v. Hans Zeller u. Alfred Zäch. 15 Bde. Bern: Benteli, 1958 ff. – Darin: Bd. 11: Das Amulett. Der Schuß von der Kanzel. Plautus im Nonnenkloster. Gustav Adolfs Page. Text, Apparat und Kommentar. (1959; 2. erw. Neuaufl. 1998)

Weitere Werke

Die Bibel. Einheitsübersetzung der Heiligen Schrift. Altes und Neues Testament. Stuttgart: Kath. Bibelanstalt, 1980

Mérimée, Prosper: Die Bartholomäusnacht. [OT: Chronique du règne de Charles IX.] Aus d. Franz. übertr. v. Gertrud Ouckama-Knoop. Nachbemerkung v. Eberhard Wesemann. Leipzig/Weimar: Kiepenheuer, 1979

Meyer, Conrad Ferdinand: Sämtliche Werke. Historisch-kritische Ausgabe [HKA], besorgt v. Hans Zeller u. Alfred Zäch. 15 Bde. Bern: Benteli, 1958 ff. – Darin: Bd. 1: Gedichte. Text der IX Abteilungen. (1963) Bd. 5.1: Gedichte. Apparat zu den Abteilungen VIII und IX. (1996)

Forschungsliteratur

Andermatt, Michael: »Historisches Erzählen und der Kulturkampf im 19. Jahrhundert. Zur Konstruktion von konfessioneller Differenz bei Conrad Ferdinand Meyer und Gottfried Keller«, in: Akten des X. Internationalen Germanistenkongresses Wien 2000. Bd. 9. Hg. v. Ortrud Gutjahr, Manfred Engel u. Wolfgang Braungart. Bern 2003, S. 375–381.

Aust, Hugo: Novelle. Stuttgart: Metzler, ²1995

Baumgärtel, Bettina/Hartlieb, Gabriele: »*Applicatio* und Leserrolle in C.F Meyers Novelle ›Das Amulett‹«. In: Von der ars intelligendi zur ars applicandi. Hg. v. Dirk Winkelmann u. Alexander Wittwer. München: iudicium, 2002: S. 229–244

Bickle, Peter: Die Reformation im Reich. Stuttgart: Ulmer, ²1992

Brehmer, Karl: »Determination oder Freiheit. Zur Problematik der Prädestination in C. F. Meyers Novelle ›Das Amulett‹«. In: Wirkendes Wort 1/85: S. 18–38

Ehrenpreis, Stefan/Lotz-Heumann, Ute: Reformation und Konfessionelles Zeitalter. Darmstadt: Wissenschaftliche Buchgesellschaft, 2002

Fehr, Karl: Conrad Ferdinand Meyer. 2., durchges. u. erg. Aufl. Stuttgart: Metzler, 1980

Frey, Adolf: Conrad Ferdinand Meyer. Sein Leben und seine Werke. Stuttgart, Berlin: Cotta, 1919 (3., durchges. Aufl.)

Huber, Walter: Stufen dichterischer Selbstdarstellung in C.F. Meyers »Amulett« und »Jürg Jenatsch«. Bern: Lang, 1979

Jackson, David A.: Conrad Ferdinand Meyer in Selbstzeugnissen und Bilddokumenten. Reinbek bei Hamburg: Rowohlt, ^{6}1998

Jäger, Andrea: Die historischen Erzählungen von Conrad Ferdinand Meyer. Zur poetischen Auflösung des historischen Sinns im 19. Jahrhundert. Bern: Francke, 1998

Kimpel, Dieter: »›Meine Gedanken verklagen und entschuldigen sich unter einander‹. Zur Bedeutung des Gewissens in C.F. Meyers Novelle ›Das Amulett‹«. In: »Spielende Vertiefung ins Menschliche«. Hg. v. Monika Hahn. Heidelberg: Winter, 2002: S. 109–124

Knapp, Gerhard P.: Conrad Ferdinand Meyer: Das Amulett. Historische Novellistik auf der Schwelle zur Moderne. Paderborn u.a.: Schöningh, 1985

Klueting, Harm: Das Konfessionelle Zeitalter 1525–1648. Stuttgart: Ulmer, 1989

Langmesser, August: Conrad Ferdinand Meyer. Sein Leben, seine Werke und sein Nachlaß. Berlin: Wiegandt & Grieben, 1905

Laumont, Christof: Jeder Gedanke als sichtbare Gestalt. Formen und Funktionen der Allegorie in der Erzähldichtung Conrad Ferdinand Meyers. Göttingen: Wallstein, 1997

Löwenthal, Leo: Conrad Ferdinand Meyer – die Apologia des Großbürgertums, in: ders.: Erzählkunst und Gesellschaft. Die Gesellschaftsproblematik in der deutschen Literatur des 19. Jahrhunderts. Darmstadt, Neuwied: Luchterhand, 1971: S. 176–205

Lutz, Heinrich: Reformation und Gegenreformation. München: Oldenbourg, ^{3}1991

Martin, Horst: Conrad Ferdinand Meyer: Das Amulett. Erläuterungen und Dokumente. Stuttgart: Reclam, 1999

Maync, Harry: Conrad Ferdinand Meyer und sein Werk. Frauenfeld, Leipzig: Huber, 1925

Pelster, Theodor: Conrad Ferdinand Meyer. Literaturwissen für Schule und Studium. Stuttgart: Reclam, 1998

Poppe, Reiner: Das Amulett/Gustav Adolfs Page. Hollfeld: Bange, 1985

Schultz, Uwe: Die Erfindung der Toleranz. Michel de Montaigne und Henri Quatre, König von Frankreich. Hamburg: Europäische Verlagsanstalt, 1998

Zäch, Alfred: Conrad Ferdinand Meyer. Dichtkunst als Befreiung aus Lebenshemmnissen. Frauenfeld: Huber, 1973

Zeeden, Ernst Walter: Grundlagen und Wege der Konfessionsbildung in Deutschland im Zeitalter der Glaubenskämpfe. Joseph Lortz zum 70. Geburtstag. München: Oldenbourg, 1958

Zeller, Hans: Conrad Ferdinand Meyer. Das Amulett. In: Erzählungen und Novellen des 19. Jahrhunderts. Interpretationen. Bd. 2. Stuttgart: Reclam, ²1997

Nachschlagewerke

Handwörterbuch des deutschen Aberglaubens. Hg. v. Hanns Bächtold-Stäubli. Berlin 1927–1942. Reprint: Berlin, New York: de Gruyter, 2000. – Darin: Eintrag »Amulett« v. Friedrich Pfister. Bd. 1, Sp. 374–384

Lexikon der Reformationszeit. Red.: Klaus Ganzer u. Bruno Steimer. Freiburg u. a.: Herder, 2002

Lexikon für Theologie und Kirche [LThK]. Hg. v. Walter Kasper u. a. Freiburg u. a.: Herder, 1999. – Darin: Eintrag »Prädestination« v. Bernhard Mayer, Georg Kraus u. Christian Link. Bd. 8, Sp. 467–475

Reallexikon der deutschen Literaturwissenschaft [RLW]. Hg. v. Georg Braungart u. a. Berlin/New York: de Gruyter, 1998 ff. – Darin: Eintrag »Novelle« v. Horst Thomé u. Winfried Wehle, Bd. II, S. 725–731

Religion in Geschichte und Gegenwart [RGG]. Handwörterbuch für Theologie und Religionswissenschaft. Hg. v. Hans Dieter Betz, Don S. Browning, Bernd Janowski u. Eberhard Jüngel. 4., völlig neu bearb. Aufl. Tübingen: Mohr Siebeck, 1998 ff. – Darin: Eintrag »Calvin, Johannes« v. B. A. Gerrish. 2. Bd., Sp. 16–36. Eintrag »Hugenotten« v. Irene Dingel, Jon Butler u. Edith Weber. Sp. 1925–1930. Eintrag »Luther/II. Theologie« v. Reinhard Schwarz. 5. Bd., Sp. 573–588. Eintrag »Prädestination« v. Günter Röhser u. Christian Link. 6. Bd., Sp. 1524–1533

Theologische Realenzyklopädie [TRE]. Hg. v. Gerhard Müller. Berlin, New York: de Gruyter, 1986. – Darin: Eintrag »Hugenotten« v. Henri Dubief. Bd. 15, S. 618–629

von Wilpert, Gero: Sachwörterbuch der Literatur. 7. verb. u. erw. Aufl. Stuttgart: Kröner, 1989

CD-ROM- und Internetquellen

Bautz, Friedrich-Wilhelm/Bautz, Traugott (Hg.): Biographisch-Bibliographisches Kirchenlexikon. 24 Bde. Hamm u. a.: Bautz, 1990 ff. Vollständig digitalisiert und erweitert: http://www.bautz.de/bbkl

Der digitale Grimm. Deutsches Wörterbuch. Elektronische Ausgabe der Erstbearbeitung von Jacob und Wilhelm Grimm. Trier: Universität Trier; Frankfurt a. M.: Zweitausendeins, 2004

Killy, Walther (Hg.): Literaturlexikon: Autoren und Werke deutscher Sprache. Berlin u. a.: de Gruyter, 1998

Meid, Volker: Reclams elektronisches Lexikon der deutschen Literatur. Stuttgart: Reclam, 2002

Meyers Konversations-Lexikon. 4. Aufl. Leipzig, Wien 1888–1890. Vollständig digitalisiert v. Christian Aschoff u. a. http://www.meyers-konversationslexikon.de

Schäfer, Joachim: Ökumenisches Heiligenlexikon. http://www.heiligen lexikon.de (Stand: Juli 2007)

7.1 **Amulett**: Von lat. *amuletum*, im Franz. seit Ende des 16. Jh.s, im Dt. seit Anfang des 18. Jh.s gebräuchlicher Begriff für einen Gegenstand, dem aufgrund seiner Herkunft, Beschaffenheit oder eines relig. Rituals (Segnung) magische Kräfte zugeschrieben werden und der am Körper getragen wird. Ein Amulett soll böse Mächte abwehren, Glück bringen und seinem Träger Kraft spenden. Dieser urspr. heidn. Glaube fand, obwohl von kirchl. Seite zunächst strikt abgelehnt, in Form von Heiligenbildern und in Schmuckstücken eingearbeiteten Reliquienpartikeln Eingang in das christl. Leben. Heute noch weit verbreitete, zumindest ihrem Ursprung nach christl. Amulette sind neben Schmuckanhängern in Form des Kreuzes oder von Marienbildern z. B. die in Fahrzeugen häufig anzutreffenden Christophorus-Plaketten, die vor Unfällen schützen sollen.
Das Amulett ist die einzige Novelle Meyers, die nicht nach ihrer Hauptfigur benannt ist, wobei der Begriff selbst ihr zwar den Titel gibt, im Text jedoch nicht erwähnt wird, stattdessen: »Medaillon« (27.34; 53.20; 72.14; 75.1), »Medaille« (81.2), »silberne Münze« (53.25) und »Silbermünze« (72.8).

7.2 **Novelle**: Erzählung mittleren Umfangs, die durch straffe Handlungsführung, formale Geschlossenheit und thematische Konzentration charakterisiert ist. Ihr Gegenstand ist nach Goethes Definition »eine sich ereignete unerhörte Begebenheit« (Gespräch mit Eckermann, 29. 1. 1827), was zugleich auf den Ursprung der Novelle und die Bedeutung des Begriffs (etwa »Neuigkeiten erzählen«) hinweist. Dieser wurde im roman. Raum, ausgehend von Boccaccios *Decamerone* (um 1350), auf kürzere Prosatexte unterschiedlicher Genres und Verserzählungen geprägt, die durch eine Rahmenhandlung miteinander verbunden sind, in der zumeist eine mündliche Erzählsituation geschildert wird. Im Mittelpunkt steht ein hist. verbürgtes, spektakuläres Ereignis, auf das sich die fiktive Lebensgeschichte der handelnden Personen zuspitzt. Dabei hat das Erzählen »seinen Fluchtpunkt in der Frage nach dem rechten Verhalten in der Gemeinschaft« (Klein, RLG, Bd. II, S. 727), ist also ethisch-moralisch bzw. didaktisch motiviert. Dieser enge Novellenbegriff gilt noch für die Anfänge der Gattung in der dt.sprachigen Literatur – Goethe: *Unterhaltungen deutscher Ausgewanderten* (1795), Christoph Martin Wieland: *Das Hexameron von Rosenhain* (1805) –, wird jedoch im Laufe des 19. Jh.s vielfach gebrochen. In der Romantik und im Biedermeier wird die Bezeichnung Novelle häufig willkürlich gebraucht, so etwa für Erzählungen rein fiktiven Inhalts und ohne distinkte formale Gestaltung; erst im Realismus findet eine weitere Ausdifferenzierung statt: Inhaltlich tritt »an die Stelle des Geschehnishaften [...] der ungewöhnliche Charakter im Zustand des inneren Konflikts, ja der psychische Extremfall« (Klein, RLG, Bd. II, S. 728). Die Form des Erzählzyklus wird zugunsten der einzelnen Erzählung mit Rahmenhandlung aufgegeben, die dramaturgisch (in Anlehnung an das klassische Drama) durchgestaltet, auf einen Wendepunkt zugespitzt und meist von einem Leitmotiv (z. B. einem Dingsymbol, im vorliegenden Fall das titelgebende Amulett) durchzogen ist.

Bielersee hinüber nach Courtion: Bei Biel (Bienne) im Schweizer Kanton Bern gelegener See. – Courtillon liegt ca. 10 km nordwestlich von Fribourg. 9.3

Boccard: 1858 hatte Meyer auf einer Seereise von Marseille nach Italien einen jungen Herrn von Boccard aus Fribourg kennen gelernt. 9.4

Generalstaaten: Abgeordnetenversammlung der niederl. Provinzen, die 1464 erstmals einberufen wurde. 1579 vereinigten sie sich, sagten sich von Spanien los und erklärten 1581 ihre Souveränität, wurden allerdings erst 1648 als Republik der Vereinigten Niederlande anerkannt. 9.14

Siegel: Stempel zum Eindruck z. B. eines Familien- oder Herrschaftssymbols in Wachs, der etwa zur Ausfertigung offizieller Urkunden und zum Verschließen von Schriftstücken diente. 9.31

Medaillon: Flaches metallenes Behältnis (oder auch Münze), das meist als Anhänger an einer Halskette getragen wird und ein Bild oder eine Prägung beinhaltet. Das titelgebende Amulett wird hier also zunächst nicht in seiner Funktion als religiös konnotierter Gegenstand beschrieben, sondern seiner Gestalt bzw. Beschaffenheit nach definiert. 10.7

10.7–8 **Muttergottes von Einsiedeln**: Das Benediktinerkloster Maria Einsiedeln im Kanton Schwyz war 934 über der Zelle des 861 ermordeten Einsiedlers Meinrad erbaut worden und ist seit 1314 als Wallfahrtsort bezeugt. Der dort befindlichen Madonnenfigur (die »Schwarze Madonna«, eine Darstellung der Mutter Jesu) aus dem 15. Jh. werden wundertätige Kräfte nachgesagt. Im 16. Jh. galt Einsiedeln als ein Zentrum der Gegenreformation in der Schweiz.

10.14 **Ketzerei**: Abweichung von der für gültig erklärten Meinung, insbesondere in Bezug auf religiöse Themen; hier: der Protestantismus.

10.16 **Rechtgläubigen**: Anhänger der als einzig richtig erkannten Religion; hier: die Katholiken.

11.5–6 **wundersamen Geschichte**: Vgl. die Goethe'sche Definition der Novelle als Erzählung einer »sich ereigneten unerhörten Begebenheit«, die hier gewissermaßen von Schadau selbst für seine Geschichte adaptiert wird. Dass der Erzähler den Begriff »wundersam« verwendet, muss nicht als Widerspruch zu seinem calvinistischen Glauben gewertet werden, da die Bezeichnung lediglich auf die »geheimnisvollen« Wege des Schicksals verweist, das vorherbestimmt, aber deshalb noch nicht gleich für den Betreffenden vorhersehbar ist.

12.4 **St. Quentin**: Im Nordosten Frankreichs, Département Aisne, gelegen. 1557 verteidigte Admiral Coligny (Erl. zu 14.9) die Stadt vor den Spaniern und ihren engl. Verbündeten, jedoch wurde die franz. Armee von den bei Weitem überlegenen Gegnern vernichtend geschlagen. In der Gefangenschaft bekehrte sich Coligny zum Protestantismus und wurde nach seiner Rückkehr 1559 Führer der franz. Hugenotten.

12.7–8 **Herzog Ulrich von Würtemberg**: Ulrich (1487–1550) war von 1498 an Herzog von Württemberg. Mehrere Kriegszüge und sein aufwändiger Lebensstil führten zu einem so großen Defizit in der Staatskasse, dass ein weiterer Feldzug gegen Burgund nur durch die Einführung neuer Steuern zu finanzieren war. Dies hatte 1514 einen Bauernaufstand zur Folge, den Ulrich blutig niederschlagen ließ. Wegen des Mordes an seinem Vetter Hans von Hutten (1515), der zugleich Ehemann seiner Geliebten war, und seines Überfalls auf die Reichsstadt Reutlingen (1519) wurde er im Auftrag des Schwäb. Bundes vertrieben. Ulrich floh nach Mümpelgard (Montbéliard). Dort bekehrte er sich zum Protestantismus, den er, nachdem er mit Hilfe des Landgrafen Philipp von Hessen 1534 sein Herzogtum zurückerobert hatte, in ganz Württemberg einführte.

Mümpelgard: Montbéliard im franz. Département Doubs war von 1397 bis 1676 in württembergischen Besitz. 12.9

Fräulein: Unverheiratete Frau aus adeligen oder gehobenen bürgerlichen Kreisen. 12.10

Picardie: Der nordfranz. Landstrich, heute im Département Somme gelegen, gehört seit 1477 zu Frankreich, war jedoch über Jahrhunderte von Engländern und Franzosen umkämpft. 12.14

Ohm: Bruder der Mutter, Onkel. Die Figur ist durch den Bruder von Meyers Schwiegervater inspiriert worden, der »eine äußerlich und innerlich sehr feine Persönlichkeit« und »ein Mystiker« gewesen sei (Brief Meyers an Louise von François, 8.4.1882). 12.18

Bibelerklärung: Auslegung der Heiligen Schrift (Bibelexegese), die v.a. in prot. Kreisen gepflegt wurde. 12.25

Offenbarung Johannis: Die Offenbarung des Apostels Johannes, auch »Apokalypse« genannt, ist das letzte Buch des NT und gibt eine prophetische Vorausschau auf das Ende der Welt, das Jüngste Gericht und die Errichtung des Gottesreiches. 12.28

Calvinist: Anhänger der Lehre des Johannes Calvin (1509–1564), der als Reformator v.a. in Genf wirkte. Zu den Grundzügen des Calvinismus vgl. Kommentar, S. 107 ff. Zentraler Glaubenssatz des Calvinismus ist die Prädestinationslehre, die Meyer beispielsweise in seinem Gedicht »Hugenottenlied« (s. Anhang, S. 85 f.), wenn auch stark verkürzt, wiedergibt. 13.7

Landesreligion: Hier: der Calvinismus. Mit der Ausbreitung der Reformation, die alle Stände erfasste, ergab sich das Problem ihrer polit. Anerkennung. Diese wurde auf dt. Gebiet etwa durch den Augsburger Religionsfrieden von 1555 erreicht, nach dem den jeweiligen Landesherren die Wahl der auf ihren Territorien ausgeübten Konfession überlassen wurde. Fortan galt für die Untertanen der Rechtssatz »cuius regio, eius religio« (»wessen Land, dessen Religion«). Für die Schweiz vgl. auch Erl. zu 23.14. 13.8

die Ewigkeit der Höllenstrafen: Anspielung auf die Prädestinationslehre Calvins, vgl. Kommentar, S. 110. 13.11

13.13–14 **der einstigen Versöhnung […] aller Dinge**: Nach Offb 21 verheißt Gott allen dafür auserwählten Menschen nach dem Jüngsten Gericht »einen neuen Himmel und eine neue Erde«.

13.29 **das fahle Pferd**: Nach Offb 6,7–8 das Pferd des Todes, einer der »vier apokalyptischen Reiter«.

13.34 **vier apokalyptischen Reiter**: Nach Offb 6,1–8 ein Zeichen Gottes, das die Menschen auf das bevorstehende Jüngste Gericht hinweisen soll: »Da sah ich ein weißes Pferd; und der, der auf ihm saß, hatte einen Bogen. Ein Kranz wurde ihm gegeben und als Sieger zog er aus, um zu siegen. […] Da erschien ein anderes Pferd; das war feuerrot. Und der, der auf ihm saß, wurde ermächtigt, der Erde den Frieden zu nehmen, damit die Menschen sich gegenseitig abschlachteten. Und es wurde ihm ein großes Schwert gegeben. […] Da sah ich ein schwarzes Pferd; und der, der auf ihm saß, hielt in der Hand eine Waage. […] Da sah ich ein fahles Pferd; und der, der auf ihm saß, heißt ›der Tod‹; und die Unterwelt zog hinter ihm her. Und ihnen wurde die Macht gegeben über ein Viertel der Erde, Macht, zu töten durch Schwert, Hunger und Tod und durch die Tiere der Erde.«

14.1–2 **Kriegswissenschaft**: Lehre vom Kriegswesen, d.h. Kriegspolitik, Organisation, Verwaltung, Bewaffnung und Ausrüstung der Truppen, Strategie und Kriegsgeschichte.

14.9 **Coligny**: Gaspard II. de Coligny, Seigneur de Châtillon (1519–1572) stammte aus einer einflussreichen franz. Adelsfamilie. Wie sein Vater trat er früh in die Dienste des Königs und stieg rasch zu einem der führenden Militärs auf. 1552 wurde er zum Admiral ernannt. 1557 verteidigte er die Stadt St. Quentin gegen die span. Armee und geriet dabei in Gefangenschaft. In dieser Zeit bekehrte er sich zum Calvinismus und setzte sich nach seiner Freilassung für seine bedrängten Glaubensgenossen ein. Als Führer der Hugenotten in den Religionskriegen ab 1562 erreichte er mit dem Pazifikationsedikt von St. Germain-en-Laye 1570 deren bürgerl. und relig. Gleichstellung. Ab September 1571 weilte er auf Einladung am Hofe Karls IX., zu dem er eine freundschaftliche Beziehung unterhielt, was dessen Mutter, Katharina von Medici (vgl. Erl. zu. 34.14), jedoch mit Argwohn betrachtete. Gemeinsam mit Herzog Heinrich aus dem mächtigen kath. Haus der Guisen beschloss sie, Coligny ermorden zu lassen. Das Attentat am 22. 8. 1572 überlebte der Admiral leicht verletzt, um jedoch kaum zwei Tage später als einer der Ersten dem Massaker der Bartholomäusnacht zum Opfer zu fallen.

Alba: Fernando Álvarez de Toledo, Herzog von Alba (1507– 14.14
1582) war ein Feldherr des span. Königs Karl V. 1547 kämpfte er erfolgreich gegen den prot. Schmalkaldischen Bund. 1567 wurde er zum Statthalter der Niederlande ernannt, die seit 1556 unter span. Herrschaft standen. Dort ging er im Auftrag von Philipp II., dem Sohn und Nachfolger Karls V., mit äußerster Gewalt gegen die aufständischen Protestanten vor und läutete, indem er deren Anführer hinrichten ließ, den 80-jährigen Krieg ein, der schließlich zur Unabhängigkeit der Niederlande führte.

Babylonerin der Offenbarung: Die Stadt Babylon war nach 14.19
jüd.-christl. Überzeugung der Inbegriff des sittlichen Verfalls. In der Offenbarung des Johannes wird sie als »die große Hure« bezeichnet: »[...] und der Engel entrückte mich in die Wüste. Dort sah ich eine Frau auf einem scharlachroten Tier sitzen, das über und über mit gotteslästerlichen Namen beschrieben war und sieben Köpfe und zehn Hörner hatte. Die Frau war in Purpur und Scharlach gekleidet und mit Gold, Edelsteinen und Perlen geschmückt. Sie hielt einen goldenen Becher in der Hand, der mit dem abscheulichen Schmutz ihrer Hurerei gefüllt war. Auf ihrer Stirn stand ein Name, ein geheimnisvoller Name: Babylon, die Große, die Mutter der Huren und aller Abscheulichkeiten der Erde. Und ich sah, dass die Frau betrunken war vom Blut der Heiligen und vom Blut der Zeugen Jesu.« (Offb 17,3–6)

Pazifikationsedikt von St. Germain en Laye: Friedenserlass am 14.28–29
Ende des zweiten und dritten Religionskrieges in Frankreich (1567–1570), der den Hugenotten ungehinderte Religionsausübung und vier Städte als Sicherheitsplätze garantierte, die sie allein beherrschen durften.

Deutschen: Als »Deutsche« wurden zur damaligen Zeit, also 15.1
lange bevor es Nationalstaaten gab, alle Angehörigen des dt. Sprachraums bezeichnet.

ein Fremder: Meyer entwickelte die Gestalt anhand hist. Quel- 15.9
len über den Mörder Colignys, der ein Böhme im Dienste des Hauses Guise gewesen sein soll. Seinem Biografen Frey zufolge trägt sie außerdem Züge von Meyers eigenem Fechtmeister (vgl. Frey, S. 49).

15.34 **Stoß, Parade, Finte**: Stoß ist eine Angriffsbewegung beim Fechten, die Parade die Abwehr eines gegnerischen Fechtstoßes, die Finte ein Scheinangriff.

17.7 **Herzog Christoph**: Christoph von Württemberg (1515–1568) war der Sohn Ulrichs von Württemberg (vgl. Erl. zu 12.7–8) und regierte von 1550 bis 1568.

18.25 **Dandelot**: François d'Andelot de Coligny (1521–1569), Bruder von Gaspard de Coligny, war wie dieser Soldat und ein Verfechter des Protestantismus.

18.29 **Guisen**: Seitenlinie des Hauses Lothringen, im 16. Jh. eine einflussreiche kath. Adelsfamilie.

18.29 **Nancy**: Im Département Meurthe-et-Moselle, Lothringen, gelegen.

19.26–27 **Cortaillod**: Ort im Schweizer Kanton Neuenburg; hier: der von dort stammende Wein.

19.27–28 **die Eidgenossen auf dem Rütli**: Der Sage nach trafen sich auf dem Rütli, einer Bergwiese am Urnersee, einem Teil des Vierwaldstätter Sees, im Kanton Uri 1291 die Abgeordneten der Schweizer Kantone Uri, Schwyz und Unterwalden, um ein Bündnis miteinander zu schließen, aus dem die Schweizer Eidgenossenschaft hervorging (»Rütlischwur«).

21.2–3 **Freigrafschaft**: Seit dem 12. Jh. gebräuchliche Bezeichnung für die Gebiete der heutigen Départements Haute Saône, Doubs, Jura und teilweise Ain; seit 1493 in habsburgischem Besitz, seit 1678 franz.

21.4 **Melun**: Etwa 45 km südöstlich von Paris gelegen.

21.9 **Lilien**: Die Lilie gilt seit dem MA als Sinnbild für jungfräuliche Reinheit und Unschuld, aber auch als Vorzeichen des Todes. Als christl. Symbol steht sie für Jesus und Maria. Drei goldene Lilien schmückten außerdem das Wappen der franz. Könige.

22.2 **Herr Parlamentrat**: Angehöriger des Rates des Parlaments, der bis zur Revolution 1789 das höchste Gericht Frankreichs war.

22.14 **Fryburg**: Damals überwiegend kath. Stadt und Kanton der Schweiz.

22.26–27 **der meine Glaubensbrüder [...] zu danken haben**: Unter dem Einfluss Berns, das seit 1528 prot. war und zu dessen Machtbereich ein Drittel der Schweiz zählte, wurde Genf 1536 als letzte Stadt der Eidgenossenschaft reformiert. 1536 setzte Calvin dort seine Kirchenordnung durch und gründete 1559 eine eigene Akademie. Aufgrund seines Wirkens stand Genf bald im Ruf eines »protestantischen Rom«.

Chatillon: Für die Figur des Parlamentrats gibt es kein hist. 22.27–28
Vorbild. Châtillon ist allerdings der Familienname Gaspard de Colignys (vgl. Erl. zu 14.9), den Meyer u. a. in seinem Gedicht »Das Weib des Admirals« verwendet (s. Anhang, S. 85).

nach kurzen Kämpfen: Die Verbreitung des Protestantismus in 23.14
der Schweiz begann Anfang der 1520er Jahre mit dem Wirken des Reformators Ulrich Zwingli (1484–1531) in Zürich, der seine Lehre dort rasch und ohne nennenswerte polit. Gegenwehr durchzusetzen verstand. Nach anfänglichem Zögern folgte 1528 das mit dem kath. Frankreich verbündete und daher zunächst nicht an einem Bruch mit Rom interessierte Bern, dessen Machtbereich rund ein Drittel der Schweiz umfasste. 1529 setzte die Bevölkerung von Basel durch einen Aufstand (Bildersturm) die Einführung der Reformation durch. Andere Kantone überließen den einzelnen Gemeinden die Entscheidung darüber, zum Protestantismus überzutreten. 1536 folgte unter Johannes Calvin (vgl. Erl. zu 13.7) die Umsetzung der Reformation in Genf. Im Tessin hingegen wurden 1555 die prot. Angehörigen der Oberschicht vertrieben. Die einzige größere gewaltsame Auseinandersetzung in der Zeit vor der Bartholomäusnacht stellten die Kappelerkriege (1529 und 1531) dar, die von den reformierten Kantonen gegen die kath. Orte Luzern, Uri, Schwyz, Unterwalden und Zug geführt wurden, wobei der erste kampflos verlief und der zweite zugunsten der kath. Partei ausging. In der Folge wurden einige bereits reformierte Gemeinden wieder rekatholisiert, während andere zwar toleriert wurden, aber rechtlos blieben. Damit kam zugleich die Ausbreitung der Reformation in der dt.sprachigen Schweiz zu einem vorläufigen Ende.

seiner allerchristlichsten Majestät: Titel, der dem franz. König 23.32–33
vom Papst verliehen wurde.

Milchmesse: Jährliches Fest anlässlich der Messung des Milch- 23.33
anteils jedes Alpbauern am Gesamtertrag an Milch und Milchprodukten.

Plaffeyer Alpen: Plaffeien ist ein ca. 15 km südöstlich von Fri- 23.34
bourg gelegener Ort in den Freiburger Alpen. Alpen bedeutet hier »Sommerweide«.

24.9 **Jarnac und Moncontour**: Jarnac im Département Charente und Moncontour im Département La Viene, zwei Stätten des Dritten Hugenottenkrieges (1568–1570). In beiden Schlachten unterlagen die Hugenotten unter Führung Colignys.

24.16 **zum Scheiterhaufen verdammt**: Im MA und der frühen Neuzeit für Ketzerei übliche Form der Todesstrafe.

24.26 **Servet**: Michael Servet (auch Servetus oder Servedo; 1511–1554) war ein span. Arzt und Theologe, der mit seiner abweichenden Lehre von der Dreieinigkeit Gottes sowohl auf kath. als auch auf prot. Seite auf starke Ablehnung stieß. Calvin ließ ihn in Genf vor Gericht stellen, wo er wegen Ketzerei zum Tode verurteilt und auf dem Scheiterhaufen hingerichtet wurde.

26.24 **Die wundertätigen Reliquien**: Überreste der Gebeine als hl. geltender Personen bzw. von Dingen, die mit diesen in Berührung waren (z. B. Kleidung) und denen Wunderkräfte nachgesagt werden. Der Reliquienkult war bereits im frühen Christentum verbreitet; im MA, besonders zur Zeit der Kreuzzüge, entstand ein schwunghafter Reliquienhandel, dem die kath. Kirche 1215 durch ein Dekret begegnete, nach dem nur noch vom Papst (später den Bischöfen) bewilligte Reliquien verehrt werden durften. Die Reformatoren lehnten den Reliquienkult strikt ab.

26.25 **der Schatten St. Petri**: Simon Petrus (gest. ~65), Jünger Jesu und von diesem zum Gründer der christl. Kirche berufen (vgl. Mt 16,18). Zur Wunderheilung, auf die hier angespielt wird, vgl. Apg 5,14–16.

26.25–26 **die Schweißtüchlein St. Pauli**: Paulus (gest. ~60), bedeutender frühchristl. Missionar und Theologe. Zu den ihm nachgesagten Wundern vgl. Apg 19,11–12.

27.18 **Votivtafel**: Kleine Tafel mit einem Heiligen gewidmeter Inschrift bzw. Bild zum Dank für eine diesem zugeschriebene Tat.

27.23–24 **barfuß für mich eine Wallfahrt nach Einsiedeln**: Pilgerreise zu einer hl. Stätte, um Buße zu tun oder um Heilung zu bitten, oft bewusst verbunden mit körperlichen Entbehrungen und Schmerzen

27.24 **Gnadenwunder**: Durch die Güte Gottes bzw. eines Heiligen bewirktes Wunder (z. B. Heilung einer als unheilbar geltenden Krankheit).

28.7 **Gnadenorte**: Ort, der z. B. aufgrund seines besonderen Bezugs zu einem Heiligen als Stätte der Anrufung um göttl. Beistand prädestiniert erscheint.

Gasparde: Weibl. Form zu Gaspard, dem Vornamen des Admirals Coligny. Für diese Figur gibt es kein hist. Vorbild. 29.17

am Vorabend des flandrischen Krieges: Vgl. S. 14, besonders S. 43 f. u. S. 58 f. 29.22–23

Lebte nur sein Bruder Dandelot noch!: Jules Michelet, dessen *Histoire de France au seizième siècle* (1856) Meyer als Quelle gedient hat, charakterisiert Dandelot als »getreuen, feurigen Soldaten mit einem reinen Herzen und Gewissen« (zit. n. Martin, S. 14). 29.35

Insel St. Louis: Seine-Insel, zusammen mit der Île de la Cité der älteste Teil von Paris. 30.14

das Tor St. Honoré: Stadttor von Paris (1732 zerstört), auch »Blindentor« genannt, da sich in unmittelbarer Nähe ein Blindenhospital befand. 31.3

Louvre: Im 12. Jh. als Festung zum Schutz des rechten Seine-Ufers erbaut, wurde der Louvre Mitte des 16. Jh.s zum Hauptwohnsitz des franz. Königs (bis zum Umzug nach Versailles 1682). Seit 1793 dient er als Kunstmuseum. 31.11

Holzschnitt: Druckgrafik, die mittels eines holzgeschnitzten Druckstocks erstellt wird. 31.23–24

Er schaute wie ein Richter in Israel.: Der Vergleich findet sich bereits in Michelets *Histoire* (»dieser Kopf eines Richters in Israel«, zit. n. Martin, S. 15). Die Richter waren die Führer des Volkes Israel zwischen dessen Niederlassung in Kanaan und der Ernennung Sauls zum König. Nach dem gleichnamigen Buch des AT rettete Gott die Israeliten immer dann aus der Hand ihrer Feinde, wenn ihnen ein Richter voranschritt. Dennoch gehorchten sie den Richtern nicht und trieben weiter Götzendienste (vgl. Richter 2,16–18). 31.31

Kupferstiche: Druckgrafiken, die mittels einer geritzten Kupferplatte erstellt werden. 33.22

auswandern über den Ozean: Tatsächlich gab es schon zu Zeiten Karls IX. vereinzelte Bestrebungen, den Protestantismus nach Amerika zu tragen, diese schlugen jedoch fehl. Erst als 1685 Ludwig XIV. (1638–1715) das Recht der Hugenotten auf freie Religionsausübung, wie es ihnen im Edikt von Nantes 1598 33.32

zugesichert worden war, rückgängig machte, wanderten Tausende von ihnen nach England und Amerika aus.

34.13 **den jungen König**: Karl IX. (1550–1574) war seit 1560 König von Frankreich. Bis 1563 stand er offiziell noch unter der Vormundschaft seiner Mutter Katharina von Medici, die jedoch auch danach nahezu uneingeschränkten Einfluss auf die Regierung hatte.

34.14 **Die Königin Mutter**: Katharina von Medici (1519–1589) war die Ehefrau Heinrichs II. von Frankreich (1519–1559) und Mutter dreier nachfolgender Könige – Franz II. (1544–1560), Karl IX. (1550–1574) und Heinrich III. (1551–1589) –, deren Politik sie maßgeblich beeinflusste. In den Quellen, die Meyers Novelle zugrunde lagen, wird sie durchweg als rücksichtslos, intrigant und grausam beschrieben. Neuere Forschungen revidieren dieses Bild allerdings teilweise.

34.31–32 **Die Geographie des Ptolemäus**: 1535 und 1542 in Lyon erschienene Schrift des griech. Mathematikers und Astronomen Claudius Ptolemäus (~85–160), dessen Theorie von der Erde als Mittelpunkt des Universums bis ins 17. Jh. hinein die Grundlage des wissenschaftlichen Weltsystems bildete.

35.11 **Dreieinigkeit**: Auch Dreifaltigkeit genannt. In der christl. Theologie bilden Gott Vater, Gott Sohn (Jesus Christus) und Gott Heiliger Geist eine Einheit. Diese sog. Trinitätslehre gilt in der kath. Kirche seit 675 als Dogma (unumstößlicher Glaubenssatz).

35.17 **weltlichen Richter**: Da die Kirche selbst keine Todesurteile vollstrecken konnte, wurden die Verurteilten zur Hinrichtung an die weltl. Macht übergeben.

35.24–25 **Laurentiuskapelle**: Der hl. Laurentius (gest. 258) war ein röm. Diakon, der während der Christenverfolgung unter Kaiser Valerian über glühenden Kohlen zu Tode gefoltert wurde.

35.26 **Franziskaner**: Von Franz von Assisi (1181/82–1228) Anfang des 13. Jh.s gegründeter Bettelorden, dessen Angehörige sich v. a. der Missionierung und Volksseelsorge widmen.

35.26 **Panigarola**: Francesco Panigarola (1548–1594) war ein ital. Prediger, der seit 1571 in Paris weilte und in gutem Kontakt zu Katharina von Medici stand. In seiner Darstellung orientiert sich Meyer an Michelets *Histoire*, derzufolge Panigarola »ein Prediger von großer Beredsamkeit, voller Feuer, klarem Geist, ein kraftvoller Schauspieler, feuriger Redner« war. Von Papst Pius V. (1504–1572) nach Paris entsandt, habe er nichts anderes getan »als lehren; seine donnernde Kanzel lehrte das Massaker und bekannte sich zum Werk des Blutes« (zit. n. Martin, S. 17).

Logiker: Die Logik ist die Lehre von den Formen und Gesetzen 35.29
des Denkens.

kleinen Druckschrift: In seinem *Discours de la siège de S. Quen-* 37.3–4
tin äußert sich Coligny nicht, wie hier angegeben, zu seinem Übertritt zum Protestantismus, was darauf hindeutet, dass Meyer diese Schrift nur aus Sekundärquellen kannte (vgl. HKA, S. 245).

die reizenden Fräulein der Königin Mutter: Hofdamen, meist 38.29–30
unverheiratete adelige Frauen. Von den Sitten am Hofe Karls IX. und den von Verehrern umschwärmten Hofdamen erzählt Prosper Mérimée ausführlich in seinem Roman *Chronique du règne de Charles IX.* (dt.: *Die Bartholomäusnacht*), der als Vorlage für Meyers Novelle diente.

Wenn dich dein Auge […] Feuer geworfen werde!: Fast wörtl. 40.11–15
Übernahme aus Mt. 5,29 f.

Kavalier: Urspr. Mitglied der Kavallerie, im übertragenen Sinne 41.12
ein Mann, der sich Frauen gegenüber besonders taktvoll und höflich verhält.

Herzogs von Anjou: Der spätere König Heinrich III. (1551– 41.18
1589) war der jüngere Bruder Karls IX. und regierte Frankreich von 1574 bis 1589.

Nîmes: Im südfranz. Département Gard, war im 16. Jh. eine der 41.35
Hauptstädte der Hugenotten.

Memorandum: Schriftl. Stellungnahme zu einer polit. Angele- 43.26–27
genheit, die an eine herrschaftliche Adresse gerichtet ist.

Prinzen von Oranien: Wilhelm von Oranien (1533–1584) war 43.27
Führer der Niederländer im Unabhängigkeitskrieg gegen Spanien. Ab 1583 war er in vierter Ehe mit Louise de Coligny (1555–1620), einer Tochter des Admirals, verheiratet. Ein Jahr später wurde er von einem fanatischen Katholiken erschossen.

auf unnatürliche Weise […] im Feld auszeichnet: Gemeint ist: 44.5–7
Die Königin Mutter, welche den Herzog von Anjou trotz der durch die Reihenfolge der Geburt festgelegten Thronfolge be-

vorzugt, will nicht, dass dieser ihn in den Schatten stellt, indem er erfolgreich einen Krieg führt und damit als König an Ansehen und Beständigkeit gewinnt.

44.24 **Fontainebleau**: Sommersitz der franz. Könige vom 16. bis 18. Jh., ca. 60 km südöstlich von Paris.

45.3–4 **seiner katholischen Majestät**: Titel, der dem span. König vom Papst verliehen wurde.

45.8 **Tapete**: Gemeint ist eine durch die Tapete getarnte Tür ins Nachbarzimmer. Das Motiv, das auch in Meyers Ballade »Die Füße im Feuer« (s. Anhang, S. 87 ff.) begegnet, dient hier dazu, »eine Konstellation von Furcht und Mißtrauen zu umreißen« (Knapp, S. 126).

46.8 **Compagnie**: Kompanie, militär. Einheit, bestehend aus ca. 100 bis 250 Soldaten.

46.15–16 **Leibgardisten**: Angehöriger der Leibgarde, die zum persönl. Schutz des Königs bestellt ist.

46.20 **Ballspiel**: Ballwurf- und Schlagballspiele waren bereits im MA fester Bestandteil der höfischen Kultur.

46.28 **Hauptmann Pfyffer**: Louis Pfeiffer (1530–1594) war Hauptmann der Schweizer Garde, allerdings zur Zeit der Bartholomäusnacht nicht in Paris.

47.30 **Chateauguyon**: Der Name ist nicht hist., eine ähnliche Geschichte um eine Wette findet sich jedoch in Michelets *Histoire* (vgl. Martin, S. 20). Hier wie dort dient sie zur Illustration der Jugendlichkeit und Unbedarftheit Karls IX., der zum Zeitpunkt der Bartholomäusnacht erst 22 Jahre alt war.

48.7–8 **Graf Guiche**: Erfundene Gestalt, benannt nach einer bekannten Grafenfamilie und vmtl. angelehnt an eine entsprechende Figur in Mérimées Roman.

48.10 **Lignerolles**: Die Figur wird auch in Michelets *Histoire* und Mérimées Roman erwähnt, allerdings übernahm Meyer nur den Namen.

48.34–35 **zu einem ehrlichen Zweikampfe**: Mit Waffen geführte Duelle waren unter Edelleuten nicht nur in Frankreich über Jahrhunderte hinweg das Mittel der Wahl, um Ehrverletzungen zu bereinigen. Offiziell waren sie bei Strafe verboten. Die hier dargestellte Herausforderung zum Duell findet sich ebenso wie die Duellszene selbst (vgl. Kap. VI) vorgebildet in Mérimées *Chronique*.

Ave Maria: Traditionelles an die Mutter Gottes gerichtetes Gebet (»Gegrüßet seist du, Maria, voll der Gnade …«). 50.15

sekundieren: Es war üblich, dass die Duellpartner jeweils mit Begleitern (Sekundanten) erschienen, die als Zeugen fungierten und dafür Sorge trugen, dass die Regeln des Zweikampfes beachtet wurden. 51.6

das duftende Haupt: Das Haar zu parfümieren war damals Mode. 51.23

Er zeigte Quart und stieß Sekunde: Zwei Fechtbewegungen, die den Gegner zum Angriff reizen sollen. 52.17–18

Du bist ihr eine dicke Kerze schuldig!: Kath. Brauch, einem Heiligen eine Kerze zu spenden, um ihn um Beistand zu bitten oder sich für eine ihm zugeschriebene Hilfe zu bedanken. 53.16–17

ehrlichen Soldatentode: Für Berufssoldaten galt der Tod auf dem Schlachtfeld als ehrenvoll. 54.21–22

Teligny: Charles de Téligny (1535–1572) war ein hugenottischer Diplomat und Soldat im Dienste Colignys und ab 1571 mit dessen Tochter Louise (1555–1620) verheiratet. Wie der Admiral fiel auch er dem Massaker während der Bartholomäusnacht zum Opfer. 54.26

wie es mit Dubourg auf dem Grèveplatze geschah: Anne du Bourg (1521–1559) war seit 1557 franz. Parlamentsrat. 1559 griff er König Heinrich II. wegen der Verfolgung der Hugenotten an, wobei er aus seiner eigenen calvinistischen Überzeugung keinen Hehl machte. Er wurde daraufhin wegen Ketzerei zum Tode verurteilt und auf dem Place de Grève in Paris hingerichtet. 55.27

Friedensedikt: Friedenserlass; gemeint ist das Pazifikationsedikt von St. Germain-en-Laye (vgl. Erl. zu 14.28–29), das Coligny 1570 ausgehandelt hatte. 55.31

Märtyrer: Christ, der für seinen Glauben stirbt (und deshalb als hl. gilt), Blutzeuge. 56.17

die nach Mannesbegriffen leichte Blutschuld: »Mannesbegriffe« deutet auf die traditionelle Zuschreibung bestimmter männl. Charaktereigenschaften hin (z. B. Mut, Tatkraft, Stärke, Kampfeslust, Ehrempfinden); mit »Blutschuld« bezeichnet man die Verantwortung für den gewaltsamen Tod eines anderen Menschen. So scheint Schadau die Tötung seines Duellgegners nicht besonders zu belasten, da er sozusagen seiner Männlichkeit ent- 56.32–33 sprechend gehandelt hat. Zusätzlich relativiert sich seine Schuld wohl vor dem Hintergrund, dass er sich als Soldat im Krieg zu bewähren gedenkt und Graf Guiche zudem Katholik war.

58.14 **Königs von Navarra**: Heinrich von Navarra (1553–1610) war einer der Führer der Hugenotten in den Religionskriegen und als Heinrich IV. von 1589 bis zu seinem Tod franz. König. Er war zwar kath. getauft, wurde allerdings prot. erzogen, da seine Mutter, Jeanne d'Albret, eine glühende Verfechterin der reformatorischen Bewegung war. Am 18. 8. 1572 heiratete er in Paris Margarete von Valois, die Schwester des Königs Karl IX. Zu den Feierlichkeiten waren zahlreiche Angehörige des prot. Adels angereist, die dann größtenteils dem Bartholomäusnacht-Massaker zum Opfer fielen. Nur durch den sofortigen Übertritt zum Katholizismus überlebte Heinrich und verbrachte die folgenden drei Jahre als Gefangener des Königs im Louvre. Nach seiner Flucht nahm er den prot. Glauben wieder an, um 1593 anlässlich seiner Ernennung zum König, nach heftigen Konflikten mit dem Papst und dem kath. Adel, erneut zu konvertieren. In seine Regierungszeit fällt das Edikt von Nantes (1598), das die Religionskriege beendete und den Protestanten die Gleichberechtigung gegenüber den Katholiken sowie Zugang zu öffentlichen Ämtern brachte, gleichzeitig allerdings den Katholizismus als Staatsreligion festschrieb.

58.15 **Schwester**: Margarete von Valois (1553–1615) war die Tochter Katharinas von Medici und Schwester der Könige Franz II., Karl IX. und Heinrich III.

58.16–17 **Jeanne d'Albret**: (1528–1572) war die Mutter Heinrichs von Navarra und eine bedeutende Vertreterin der Hugenotten. Nach ihrem plötzlichen Tod am 9. 6. 1572 machte das Gerücht die Runde, sie sei von ihren kath. Gegnern ermordet worden.

58.21 **Notredame**: Die Kathedrale, die der Gottesmutter Maria geweiht ist, wurde zwischen 1163 und 1345 auf der Île de la Cité errichtet.

59.19 **St. Michaelsorden**: Abzeichen eines Mitglieds des gleichnamigen, von Ludwig XI. 1469 gegründeten Ritterordens.

59.28 **Herr Montaigne**: Michel Eyquem de Montaigne (1533–1592) war ein franz. Politiker, Philosoph und Schriftsteller. Der ehemalige Parlamentsrat von Bordeaux bemühte sich in den 1570er

Jahren um Vermittlung zwischen den verfeindeten Religionsparteien. Ab 1571 entstand sein Hauptwerk, die insgesamt drei Bände umfassenden *Essais* (wörtlich: »Versuche«), feinsinnige Betrachtungen zur Politik und Gesellschaft, die ihn zu einem der bedeutendsten Denker seiner Zeit erheben. Von 1581 bis 1585 war er Bürgermeister von Bordeaux.

Perigord: Südwestfranz. Landstrich, aus dem Montaigne stammte. 59.29

Horaz: Quintus Horatius Flaccus (65–8 v. Chr.), röm. Dichter, der v. a. für seine Oden, Satiren und seine Poetik bekannt war. 59.31

Bädern von Aix: Aix-les-Bains im Département Savoie am Rande der Alpen war aufgrund seiner heißen Quellen schon zu röm. Zeit ein beliebter Kurort. 59.32–33

das Buch Tobiä: Buch des AT, das ein Beispiel vorbildlicher Frömmigkeit gibt und dadurch v. a. der relig. Erbauung dienen soll. 60.6

Gascogner: Die Gascogne ist eine hist. Provinz in SW-Frankreich, in unmittelbarer Nachbarschaft zum Périgord. 60.11

Herzog Heinrich: Heinrich von Guise (1550–1588) war der Sohn des im ersten Hugenottenkrieg gefallenen kath. Feldherrn Franz von Guise (1519–1563). Zusammen mit Katharina von Medici war er maßgeblich verantwortlich für die Ermordung Colignys und das Massaker der Bartholomäusnacht. Im Streit um die Thronfolge ließ ihn König Heinrich III., der Heinrich von Navarra als seinen Nachfolger favorisierte, 1588 ermorden. 60.30

Sind wir ja […] Seife nicht teuer!: Iron. Anspielung auf das (christl.) Ideal der Gleichheit aller Menschen, dem das gesellschaftliche Ständesystem jedoch zuwiderläuft. 60.33–34

liturgischen Worte: Als Liturgie bezeichnet man die je nach Anlass festgelegte Form des Gottesdienstes; hier: der Hochzeitssegen. 62.20

Pèlerin et Voyageur!: (franz.) »Pilger und Reisender«. Demutsfloskel, in der das traditionell christl. Bild des Menschen als »Gast auf Erden« und seines Strebens nach der Gnade Gottes zum Ausdruck kommt. Vgl. 81.11–12 (»In der Stille leg' ich ab Pilgerschuh' und Wanderstab«) und Meyers Gedicht »Ein Pilgrim« (s. Anhang, S. 89 f.). 65.5

Namensfeste: Namenstag. Der Kalendertag des Heiligen, nach 65.19

dem man benannt ist, galt unter Katholiken häufig mehr als der eigentliche Geburtstag.

65.23 **Barthel**: Der hl. Bartholomäus (gest. ~51) war einer der Jünger Jesu, der den christl. Glauben bis nach Persien, Ägypten und Armenien verbreitet und schließlich den Märtyrertod erlitten haben soll. Sein Festtag ist der 24.8.

70.7 **Zustand zwischen Wachen und Schlummern**: Laut Brehmer dient die hier folgende Traumsequenz dazu, Schadau angesichts der »Ungeheuerlichkeit der Ermordung seiner Glaubensbrüder, die nach dem dogmatischen Glauben an die Prädestination ebenso von Gott bewirkt ist wie jedes andere Ereignis, zu einem Überdenken der eigenen Position« zu führen (Brehmer, S. 30).

70.15 **Steinfrau**: Weibl. Figur, die das Gebälk eines Gebäudes trägt; griech. Karyatide (vgl. das gleichnamige Gedicht Meyers im Anhang, S. 86)

72.21 **Bastille**: 1369 bis 1383 erbaute Pariser Stadtfestung, seit dem 17. Jh. Staatsgefängnis, 1789 in der Franz. Revolution (»Sturm auf die Bastille«) zerstört.

72.31 **Hallebarde**: Stoß- und Hiebwaffe aus einem langen Schaft mit Axtklinge und scharfer Spitze.

77.32–33 **Eine Hand wäscht die andere.**: Bezug nehmend auf dessen Prädestinationsglauben schreibt Jackson über Schadaus Errettung: »Überall entdeckt er [Schadau] die Hand des Schicksals. Seiner Ansicht nach führte es ihn zum Beispiel mit dem schuftigen böhmischen Fechtmeister zusammen, damit dieser Schadau später retten konnte. Meyer läßt eine weniger theologische Erklärung durchblicken: *Eine Hand wäscht die andere.*« (Jackson, S. 79)

78.6 **Der Streich konnte fehlen.**: Die Sache (d. h. die Ermordung Colignys) hätte schiefgehen können.

78.9 **Fourier**: Unteroffizier, der für die Verpflegung und Unterbringung der Truppe zuständig ist.

80.4–5 **neuenburgischen Gebiete**: Neuenburg, franz. Neuchâtel, im gleichnamigen Schweizer Kanton.

81.11–12 **In der Stille leg' ich ab Pilgerschuh' und Wanderstab.**: Gemäß seinem Wahlspruch »Pèlerin et Voyageur« (vgl. Erl. zu 65.5); vgl. dazu auch Meyers Gedicht »Ein Pilgrim« im Anhang, S. 89 f.

81.13 **Heimfahrt**: Nach christl. Verständnis stellt der Tod nur eine Rückkehr zum Ursprung, nämlich zu Gott, und damit den Übergang in ein »ewiges Leben« dar.

Das Weib des Admirals: Gemeint ist Charlotte de Leval (1530– 85.4
1568), die erste Ehefrau Gaspards de Coligny. Das Gedicht nimmt Bezug auf das Massaker an den Hugenotten in Vassy 1562, das den Beginn der Religionskriege in Frankreich markiert (vgl. die Darstellung bei de Mendelssohn, S. 95). Erst auf Bitten seiner Frau, die bereits 15 Jahre zuvor zum Protestantismus übergetreten war, griff Coligny in den Konflikt ein (vgl. HKA, Bd. 5.1, S. 303).

Chatillon: Familienname von Gaspard de Coligny (vgl. Erl. zu 85.10
14.9 u. 22.27–28).

Märtrer: Gemarterten, Gefolterten, auch: Märtyrer (vgl. Erl. zu 85.11
56.17).

frommes Blut: Hinweis darauf, dass die »Märtrer« ihrer Reli- 85.11
gionszugehörigkeit wegen leiden müssen.

ich rede Zeugnis gegen dich / Vor Gott: Hinweis auf das nach 85.13–14
christl. Ansicht allen Menschen bevorstehende Jüngste Gericht.

entrollest du dein Banner nicht: Ein Banner ist eine Fahne mit 85.14
hoheitlichem bzw. adligem Wappen. Der Satz ist als Aufforderung an Coligny zu verstehen, seine Truppen zum Schutz der Hugenotten einzusetzen.

Hans Calvin: Johannes Calvin (vgl. Erl. zu 13.7). Zu den 85.25
Grundzügen des Calvinismus vgl. Kommentar, S. 108 ff.

Des Adrets: François de Beaumont-Beyrac, Baron des Adrets 86.5
(1512/13–1587) war ein franz. Hugenottenführer zur Zeit der Religionskriege. Aufgrund seiner Grausamkeit gegenüber kath. Kriegsgefangenen und der Zivilbevölkerung wurde er 1563 von seinen eigenen Leuten gefangen genommen. Nach seiner Freilassung wechselte er die Seiten und diente noch bis 1570 in der königl. (kath.) Armee, bevor er sich auf seinen Familiensitz zurückzog.

Karyatide: Steinerne weibl. Figur, die das Gebälk eines Gebäu- 86.12
des trägt; vgl. 70.15.

Louvre: In einem Brief vom 2. 2. 1900 schreibt Betsy Meyer an 86.13
Adolf Frey, der Louvre habe bei ihrem Bruder anlässlich dessen Besuchs in Paris 1857 einen »überwältigenden Eindruck historischer Größe« hinterlassen. Meyer selbst erwähnte in einem Brief an seine Schwester vom 14. 10. 1857 den Louvre mit dem

Zusatz: »woran das Blut der Hugenotten klebt« (zit. n. HKA, S. 222).

86.16 **Meister Goujon**: Jean Goujon (~1510–~1569) war ein franz. Bildhauer und Hugenotte. Von 1555 bis 1562 arbeitete er als Architekt am Louvre, wo er u. a. vier Karyatiden im Schweizersaal schuf. Der Sage nach wurde Goujon am Morgen der Bartholomäusnacht auf seinem Gerüst im Louvre stehend erschossen; vmtl. aber starb er bereits zwischen 1564 und 1569 in Bologna.

86.21 **Saint-Barthelemy**: Franz. für den hl. Bartholomäus (vgl. Erl. zu 65.23), hier: Synonym für die Bartholomäusnacht.

86.29 **Am Tag, da die Kommüne focht**: Im März 1871 revoltierte die Bevölkerung von Paris gegen die franz. Regierung, die daraufhin nach Versailles floh. Der neu gewählte Stadtrat, die sog. Pariser Commune, war sozialistisch geprägt. Erst Ende Mai gelang es den Regierungstruppen, die Stadt in einem blutigen Kampf zurückzuerobern. Vgl. auch Kommentar, S. 137.

89.13 **dem größten König eigen**: Im Gegensatz zum Kurier, der mit diesen Worten den franz. König meint, spricht der Edelmann von Gott, der König über alle Menschen ist.

89.17–18 **Mein ist die Rache, redet Gott.**: Im Brief des Apostels Paulus an die Römer heißt es: »Rächt euch nicht selber, liebe Brüder, sondern lasst Raum für den Zorn Gottes; denn in der Schrift steht: Mein ist die Rache, ich werde vergelten, spricht der Herr.« (Röm 12,19)

89.19 **Pilgrim**: Veraltet für »Pilger«; jemand, der sich aus Frömmigkeit auf eine Reise (Wallfahrt) zu einer hl. Stätte begibt.

89.20 **Sabinerland**: Landstrich im Apennin, nordöstlich von Rom.

89.21 **Reisejugendtag**: Im Sommer 1840 hatte Meyer an einer neuntägigen Wanderung teilgenommen, die ihn bis nach Oberitalien führte. Das Sabinerland und die Toskana bereiste er zusammen mit seiner Schwester auch im Frühjahr 1858.

89.27 **Pilgerim und Wandersmann**: Vgl. Erl. zu 65.5 (»Pèlerin et Voyageur«) und 81.11–12 (»In der Stille leg' ich ab Pilgerschuh' und Wanderstab«).

90.6 **Comer- oder Langensee**: Der Comersee (Lago di Como) liegt in Oberitalien, der Langensee (Lago Maggiore) verbindet den Schweizer Kanton Tessin mit den oberital. Regionen Piemont und Lombardei.

ewgen stillen Schnee: Gemeint sind die schneebedeckten Gipfel der Alpen. 90.8

Erasmus: Erasmus von Rotterdam (~1465–1536) war ein niederl. Theologe und Philosoph des Humanismus. Aufgrund seiner kirchenkritischen Schriften und seiner Haltung der relig. Toleranz gilt er als Vorreiter der Reformation. 91.3

Sorbonne: Als Sorbonne wurde urspr. nur die theolog. Fakultät, später die Pariser Universität (gegr. 1268) insgesamt bezeichnet. Sie war berühmt für ihre Lehrer und eine wichtige Instanz des Katholizismus in Frankreich. 91.5

Franz I.: Franz I. (1494–1547) war von 1515 bis zu seinem Tod König von Frankreich. 1516 schloss er mit Papst Leo X. ein Konkordat (Kirchenvertrag), in dem der röm. Kirche die geistl. Hoheit über die franz. Kirche zugesprochen wurde. 91.7

»Plakataffäre«: Im Dezember 1533 verbot Franz I. die protest. Gruppen, die sich seit den 1520er Jahren in Frankreich gebildet hatten, ließ sie jedoch nicht mit Gewalt verfolgen. Das änderte sich, als in der Nacht vom 17. auf den 18.10.1534 in ganz Frankreich Wandanschläge auftauchten, die die kath. Messe harsch kritisierten und daher als Kampfansage der Protestanten gegen die röm. Kirche gewertet wurden. Diese sog. »affaire des placards« setzte die Verfolgung der nunmehr als ketzerisch angesehenen protest. Bewegung in Gang. 91.10

Jurisdiktion: Rechtsprechung 91.14

parlements: Die Parlements (von franz. *parler*: sprechen) waren bis zur Revolution 1789 die höchsten franz. Gerichtshöfe. Im Gegensatz zum späteren Parlament hatten sie keine gesetzgebende Funktion, allerdings polit. Mitspracherecht. 91.16

Waldenser: Die Waldenser (benannt nach ihrem Gründer, Petrus Valdes) sind eine christl. Glaubensgemeinschaft, die Ende des 12. Jh.s in Frankreich entstand und als Vorläufer der reformatorischen Bewegung gilt. Höhepunkt ihrer Verfolgung durch die kath. Kirche war 1545 ein Massaker an 4 000 Waldensern in der Provence. 91.19

Chambre ardente: Die Chambre ardente (franz. »brennende Kammer«) war ein außerordentlicher Gerichtshof, der den Parlements beigeordnet war und insbesondere der Aburteilung sog. Ketzer diente. Franz I. setzte sie ab 1535 zur Verfolgung der Hugenotten ein. 91.20

91.33 **Condé**: Louis I. de Bourbon, Prinz von Condé (1530–1569), war ein franz. Feldherr und Führer der hugenottischen Partei während der Religionskriege. 1569 wurde er in der Schlacht von Jarnac getötet.

92.8 **»Establishment«**: Bezeichnung für eine wirtschaftl., polit. und gesellschaftl. einflussreiche Klasse und sozialkritisches Schlagwort der Studentenbewegung ab 1966.

92.18 **Elisabeth**: Elisabeth I. (1533–1603) war von 1559 bis zu ihrem Tod Königin von England und Oberhaupt der anglikan. Kirche, die kath. und protest. Elemente miteinander vereint. Wegen ihrer gemäßigt reformatorischen Bestrebungen wurde sie 1570 von Papst Pius V. exkommuniziert.

93.14 **Michel de L'Hospital**: Michel de L'Hospital (auch Michel de l'Hôpital; 1505–1573) war von 1560 bis 1568 franz. Kanzler und hatte als solcher die Aufsicht über die Justiz des Königreiches. Tolerant in Glaubensfragen, versuchte er, zwischen den verfeindeten Parteien zu vermitteln, konnte jedoch den Ausbruch der Religionskriege nicht verhindern und trat nach dem Zweiten Hugenottenkrieg von seinem Amt zurück.

93.16 **Maria Stuart**: Maria I. (1542–1587) war von Geburt an bis 1567 Königin von Schottland und durch ihre Ehe mit Franz II. (1544–1560) von 1559 bis 1560 Königin von Frankreich. Im Zuge des Streits um die engl. Thronfolge wurde sie 1567 gefangen genommen, wegen eines angeblich von ihr geplanten Attentats auf Elisabeth I. schließlich zum Tode verurteilt und 1587 hingerichtet.

93.23 **Irenist**: Als Irenismus bzw. Irenik bezeichnet man eine Haltung, die zwischen den christl. Konfessionen zu vermitteln sucht, indem sie die theolog. und rituellen Gemeinsamkeiten betont.

94.8–9 **Generalstände**: Als Generalstände (franz. *états généraux*) wird die Versammlung von Vertretern der drei Stände (Klerus, Adel und Dritter Stand, d. h. Bürger und freie Bauern) bezeichnet, die seit 1302 in unregelmäßigen Abständen zusammentrat, um den franz. König v. a. in Krisenzeiten zu beraten und dessen Erlasse zu bestätigen.

96.5–6 **Der weise Abt von Bois-Aubry**: Das Benediktinerkloster Bois-Aubry, im 12. Jh. gegründet und 1791 aufgelöst, befindet sich etwa 15 km östl. von Richelieu im Département Indre-et-Loire.

Als sich die Religionskonflikte in Frankreich verschärften, vertrat der dortige Abt, Jacques Bienassis, 1561 die Position, dass die Gewissensfreiheit in der Religionswahl von großer Wichtigkeit sei, da die Menschen – gleich welcher Konfession – sich sonst dem Atheismus zuwendeten und damit der »ewigen Verdammnis« anheimfielen.

dynastische: Eine Dynastie ist ein Herrschergeschlecht, im übertragenen Sinne auch eine auf einem bestimmten Gebiet für bedeutende Leistungen bekannte Familie. 97.3

Herzog von Epérnon: Jean Louis de Nogaret de La Valette (1554–1642) kämpfte in den Religionskriegen auf kath. Seite und wurde 1581 von König Heinrich III. zum Pair von Frankreich (höchster Adelstitel) und zum Herzog von Épernon, einer Stadt im Département Eure-et-Loir, ernannt. Als ranghoher Militär widersetzte er sich zunächst der Krönung Heinrichs IV., söhnte sich jedoch später mit ihm aus. Dass der Herzog, wie hier behauptet, in die Ermordung des Königs 1610 durch den fanatischen Katholiken François Ravaillac (1578–1610) verstrickt gewesen sei, ist nicht bewiesen. 98.32–33

Bertolt Brecht. Die Dreigroschenoper. Kommentar: Joachim Lucchesi. SBB 48. 170 Seiten

Bertolt Brecht. Der gute Mensch von Sezuan. Kommentar: Wolfgang Jeske. SBB 25. 214 Seiten

Bertolt Brecht. Herr Puntila und sein Knecht Matti. Kommentar: Anya Feddersen. SBB 50. 189 Seiten

Bertolt Brecht. Der kaukasische Kreidekreis. Kommentar: Ana Kugli. SBB 42. 189 Seiten

Bertolt Brecht. Leben des Galilei. Kommentar: Dieter Wöhrle. SBB 1. 191 Seiten

Bertolt Brecht. Mutter Courage und ihre Kinder. Kommentar: Wolfgang Jeske. SBB 11. 185 Seiten

Georg Büchner. Lenz. Kommentar: Burghard Dedner. SBB 4. 155 Seiten

Adelbert von Chamisso. Peter Schlemihls wundersame Geschichte. Kommentar: Thomas Betz und Lutz Hagestedt. SBB 37. 178 Seiten

Paul Celan. »Todesfuge« und andere Gedichte. Kommentar: Barbara Wiedemann. SBB 59. 186 Seiten

Annette von Droste-Hülshoff. Die Judenbuche. Kommentar: Christian Begemann. SBB 14. 136 Seiten

Max Frisch. Andorra. Kommentar: Peter Michalzik. SBB 8. 166 Seiten

NF 279/2/11.05

Max Frisch. Biedermann und die Brandstifter. Kommentar: Heribert Kuhn. SBB 24. 142 Seiten

Max Frisch. Homo faber. Kommentar: Walter Schmitz. SBB 3. 301 Seiten

Theodor Fontane. Effi Briest. Kommentar: Dieter Wöhrle. SBB 47. 414 Seiten

Johann Wolfgang Goethe. Götz von Berlichingen. Kommentar: Wilhelm Große. SBB 27. 243 Seiten

Johann Wolfgang Goethe. Die Leiden des jungen Werthers. Kommentar: Wilhelm Große. SBB 5. 222 Seiten

Grimms Märchen. Kommentar: Heinz Rölleke. SBB 6. 136 Seiten

Norbert Gstrein. Einer. Kommentar: Heribert Kuhn. SBB 61. 157 Seiten

Peter Handke. Wunschloses Unglück. Kommentar: Hans Höller. SBB 31. 131 Seiten

Friedrich Hebbel. Maria Magdalena. Kommentar: Florian Radvan. SBB 74. 150 Seiten

Christoph Hein. Der fremde Freund. Drachenblut. Kommentar: Michael Masanetz. SBB 69. 236 Seiten

Hermann Hesse. Demian. Kommentar: Heribert Kuhn. SBB 16. 233 Seiten

NF 279/3/11.05

Hermann Hesse. Narziß und Goldmund. Kommentar: Heribert Kuhn. SBB 40. 407 Seiten

Hermann Hesse. Siddhartha. Kommentar: Heribert Kuhn. SBB 2. 192 Seiten

Hermann Hesse. Der Steppenwolf. Kommentar: Heribert Kuhn. SBB 12. 306 Seiten

Hermann Hesse. Unterm Rad. Kommentar: Heribert Kuhn. SBB 34. 275 Seiten

E. T. A. Hoffmann. Das Fräulein von Scuderi. Kommentar: Barbara von Korff-Schmising. SBB 22. 149 Seiten

E. T. A. Hoffmann. Der goldene Topf. Kommentar: Peter Braun. SBB 31. 157 Seiten

E. T. A. Hoffmann. Der Sandmann. Kommentar: Peter Braun. SBB 45. 100 Seiten

Ödön von Horváth. Geschichten aus dem Wiener Wald. Kommentar: Dieter Wöhrle. SBB 26. 168 Seiten

Ödön von Horváth. Italienische Nacht. Kommentar: Dieter Wöhrle. SBB 43. 162 Seiten

Ödön von Horváth. Jugend ohne Gott. Kommentar: Elisabeth Tworek. SBB 7. 195 Seiten

Ödön von Horváth. Kasimir und Karoline. Kommentar: Dieter Wöhrle. SBB 28. 147 Seiten

Franz Kafka. Der Prozeß. Kommentar: Heribert Kuhn. SBB 18. 352 Seiten

NF 279/4/11.05

Franz Kafka. Das Urteil und andere Erzählungen. Kommentar: Peter Höfle. SBB 36. 188 Seiten

Franz Kafka. Die Verwandlung. Kommentar: Heribert Kuhn. SBB 13. 134 Seiten

Marie Luise Kaschnitz. Das dicke Kind und andere Erzählungen. Kommentar: Uwe Schweikert und Asta-Maria Bachmann. SBB 19. 249 Seiten

Gottfried Keller. Kleider machen Leute. Kommentar: Peter Villwock. SBB 68. 192 Seiten

Heinrich von Kleist. Penthesilea. Kommentar: Axel Schmitt. SBB 72. 180 Seiten.

Heinar Kipphardt. In der Sache J. Robert Oppenheimer. Kommentar: Ana Kugli. SBB 58. 220 Seiten

Gert Ledig. Vergeltung. Kommentar: Florian Radvan. SBB 51. 233 Seiten

Gotthold Ephraim Lessing. Emilia Galotti. Kommentar: Axel Schmitt. SBB 44. 171 Seiten

Gotthold Ephraim Lessing. Minna von Barnhelm. Kommentar: Maria Luisa Wandruszka. SBB 73. 172 Seiten

Gotthold Ephraim Lessing. Miß Sara Sampson. Kommentar: Axel Schmitt. SBB 52. 170 Seiten

Gotthold Ephraim Lessing. Nathan der Weise. Kommentar: Wilhelm Große. SBB 41. 238 Seiten

NF 279/5/11.05

Eduard Mörike. Mozart auf der Reise nach Prag. Kommentar: Peter Höfle. SBB 54. 148 Seiten

Ulrich Plenzdorf. Die neuen Leiden des jungen W. Kommentar: Jürgen Krätzer. SBB 39. 157 Seiten

Rainer Maria Rilke. Die Aufzeichnungen des Malte Laurids Brigge. Kommentar: Hansgeorg Schmidt-Bergmann. SBB 17. 299 Seiten

Patrick Roth. Riverside. Kommentar: Grete Lübbe-Grothes. SBB 62. 148 Seiten

Friedrich Schiller. Kabale und Liebe. Kommentar: Wilhelm Große. SBB 10. 175 Seiten

Friedrich Schiller. Maria Stuart. Kommentar: Wilhelm Große. SBB 53. 220 Seiten

Friedrich Schiller. Die Räuber. Kommentar: Wilhelm Große. SBB 67. 272 Seiten

Friedrich Schiller. Wilhelm Tell. Kommentar: Wilhelm Große. SBB 30. 196 Seiten

Arno Schmidt. Schwarze Spiegel. Kommentar: Oliver Jahn. SBB 71. 150 Seiten

Theodor Storm. Der Schimmelreiter. Kommentar: Heribert Kuhn. SBB 9. 199 Seiten

Hans-Ulrich Treichel. Der Verlorene. Kommentar: Jürgen Krätzer. SBB 60. 176 Seiten

NF 279/6/11.05

Martin Walser. Ein fliehendes Pferd. Kommentar: Helmuth Kiesel. SBB 35. 164 Seiten

Peter Weiss. Die Ermittlung. Kommentar: Marita Meyer. SBB 65. 304 Seiten.

Peter Weiss. Die Verfolgung und Ermordung Jean Paul Marats. Kommentar: Arnd Beise. SBB 49. 180 Seiten

Frank Wedekind. Frühlings Erwachen. Kommentar: Hansgeorg Schmidt-Bergmann. SBB 21. 148 Seiten

NF 279/7/11.05

Suhrkamp BasisBiographien
Leben – Werk – Wirkung
in einem Band

Jeder Band der Reihe Suhrkamp BasisBiographien besteht aus drei Teilen: einer Biographie, einem Werklexikon und einer Wirkungsgeschichte. Die Biographie schildert spannend und informativ ein eindrucksvolles Leben. Das Werklexikon stellt in chronologisch geordneten Kurzessays die einzelnen Werke vor. Die Wirkungsgeschichte erzählt unterhaltsam und anschaulich, warum diese Persönlichkeiten bis heute nichts von ihrer Faszination und Bedeutung verloren haben.
Der Anhang bietet zusätzlichen Service mit einer Zeittafel, einem Personen- und einem Werkregister und einer kommentierten Auswahlbibliographie, die weiterführende Leseempfehlungen gibt.

»Übersichtliches Orientierungswissen mit vertiefenden Kommentaren zum Thema. Der Clou der Reihe: viel praktische, schnörkellose Information, reichlich Bilder und alles zum kleinen Preis.« *Süddeutsche Zeitung*

Isabel Allende. Von Martina Mauritz. sb 8

Hans Christian Andersen. Von Gisela Perlet. sb 3

Samuel Beckett. Von Gaby Hartel und Carola Veit. sb 13

Walter Benjamin. Von Momme Brodersen. sb 4

Thomas Bernhard. Von Manfred Mittermayer. sb 11

Buddha. Von Ursula Gräfe. sb 5

NF 354/1/11.05